Das bietet Ihnen die CD-ROM zum Thema „Werbebriefe"

- Checklisten und Musterbriefe
- Textbausteine und Response-Elemente
- Gesprächsprotokolle

Wie Sie von Anfang an richtig planen
Checkliste: Konzeption I
Checkliste: Aufgaben

So kommen Ihre Werbebriefe an
Muster: Anschreiben aus Kundenperspektive
Muster: Anschreiben informativ-empathisch
Muster: Einladung zum Fachevent

Was muss Ihr Werbebrief vermitteln?
Muster: Lösungsorientiertes Anschreiben
Muster: Glaubwürdige Kundenpflege
Muster: Mehrwertargumentation
Muster: Befristetes Angebot
Muster: Geldwerter Vorteil für Softwarekäufer
Textbaustein: Headlines, die den finanziellen Vorteil betonen
Textbaustein: Headlines, die Anteilnahme wecken
Textbaustein: Headlines zum Aspekt Sicherheit
Textbaustein: Headlines, die das Geltungsbedürfnis ansprechen
Textbaustein: Lockende Headlines

Was leisten die einzelnen Elemente?
Textbaustein: Anrede ohne Namen
Textbaustein: Jahreszeitliche Grüße mit Ausrufezeichen
Muster: Mailing im Telegrammstil
Muster: Einladung an Stammkunden
Textbausteine: Einstieg
Muster: Bündige Argumentation
Muster: Erklärungsbedürftiges Produkt
Textbausteine: Grußformeln
Textbausteine: PS-Inhalte
Muster: PS ohne „PS:"

Wie Sie Response-Elemente richtig einsetzen
Muster: Fax-Antwort
Muster: Auftragsformular
Muster: Response über Coupon
Muster: Messeeinladung an Stammkunden
Muster: Einladung an kooperierende Unternehmen
Muster: Einladung an Pressevertreter
Gesprächsprotokolle: Inbound/Outbound

Eine gute Gestaltung hilft verkaufen
Muster: Umschlagbeschriftungen

Was Sie nach der Versendung tun können
Einladungsbrief mit Response-Element
Erinnerungskarte
Persönliches Dokument: Boarding-Card

To do or let to do?
Checkliste: Briefing
Checkliste: Konzeption II
Checkliste vor dem Druck

Überall, wo Sie das Icon sehen, finden Sie die Texte vollständig im DIN A4-Format auf der CD-ROM – direkt zum Übernehmen in Ihre Textverarbeitung.

CD-ROM

Bibliografische Information Der Deutschen Bibliothek

Die Deutsche Bibliothek verzeichnet diese Publikation in der Deutschen Nationalbibliografie; detaillierte bibliografische Daten sind im Internet über http://dnb.ddb.de abrufbar.

ISBN 3-448-06547-1 Bestell-Nr. 00021-0001

Redaktionsanschrift: Postfach 13 63, 82142 Planegg
Hausanschrift: Fraunhoferstraße 5, 82152 Planegg
Telefon (089) 8 95 17-0, Telefax (089) 8 95 17-2 50
Internet: http://haufe.de, E-Mail: erste-hilfe@haufe.de
Lektorat: Jasmin Jallad

Idee & Konzeption: Dr. Matthias Nöllke, Textbüro Nöllke München
Umschlaggestaltung: Luxus Medien – Daniel Gunia, 86836 Graben
Lektorat: Leyla Zorlu, Spiegelstr. 3, 81241 München
Druck: Schätzl Druck, 86609 Donauwörth

Alexander Jürries

Perfekte Werbebriefe

Kunden erfolgreich akquirieren

Inhalt

Vorwort

In einer Zeit, in der Produkte und Unternehmen nicht nur immer vergleichbarer, sondern oft auch austauschbar werden, ist es umso wichtiger, Profil zu zeigen und Sympathien zu gewinnen. Dazu bietet sich neben den anderen Sparten der Unternehmenskommunikation besonders die direkte Ansprache des Kunden an, sei es im persönlichen Gespräch oder durch einen Brief. Der Brief weist gegenüber dem Gespräch sogar einige Vorteile auf; Gespräche kosten inklusive Warming-up und üblichem Small Talk viel Zeit, dabei ist vieles in der menschlichen Kommunikation überflüssig, umgekehrt fällt einem manches eigentlich Wichtige erst nach dem Gespräch ein. Im Brief dagegen können die Gedanken reifen, Argumente gesammelt und gewichtet werden. Der Brief kann informative und emotionale Höhepunkte setzen. Dabei bringt ein gut formulierter Werbebrief die Inhalte auf den Punkt. Er vermittelt das Wesentliche in weit kürzerer Zeit, als dies in einem persönlichen Gespräch möglich wäre. Viele Entscheider ziehen es heute eher vor, sich kurz selbst zu informieren, als einen Gesprächstermin zu vereinbaren.

Wie Sie Ihre Botschaft erfolgreich vermitteln und emotional punkten, vermittelt Ihnen das vorliegende Buch auf Grundlage der Kommunikationspsychologie; damit lässt sich die reine Fachinformation von der Beziehungsebene, der Selbstoffenbarung und dem Appell trennen. Kommunizieren Sie bewusst, wer Sie sind, wie Sie zum Empfänger stehen, was Ihr Produkt kann und welche Reaktion Sie erwarten. So schaffen Sie die Basis für eine nachhaltige Beziehung zum Empfänger, die von gegenseitiger Wertschätzung, Kommunikation in Augenhöhe und innerer Kohärenz geprägt ist. Mit Glaubwürdigkeit und Sympathie verkaufen Sie besser als durch das Anpreisen von Produkteigenschaften mit Servicepaket.

Das vorliegende Beraterbuch verwendet zur einfachen und knappen Vermittlung der Inhalte meist die traditionelle männliche Grundform, z. B. Kunde, Empfänger, Leser, etc. Der Autor möchte daher an dieser Stelle ausdrücklich darauf hinweisen, dass die weiblichen Beteiligten an einer Mailing-Aktion dabei natürlich gleichwohl gemeint und angesprochen sind. Sei es als Verfasserin, Designerin, Kundin, Empfängerin, Leserin, Beraterin,

Entscheiderin, Auftraggeberin – alle im Buch beschriebenen Aktionen und Reaktionen gelten stets gleichermaßen für männliche wie für weibliche Akteure.

Die Namen der Firmen und Personen in den gezeigten Beispielen sind frei erfunden. Die Beispiele dienen lediglich der Veranschaulichung der vermittelten Inhalte und sollen nicht für oder gegen eine Firma beziehungsweise Branche gewertet werden. Wenn Ihnen ein Mailingbeispiel bekannt vorkommen sollte, so handelt es sich möglicherweise um eine vom Autor variierte Version, die aber nicht identisch mit dem Original ist und daher nicht auf das damit in Verbindung gebrachte Unternehmen bezogen werden darf.

Warum gerade Werbebriefe?

Direktmarketing verzeichnet deutliche Zuwächse

Im Jahr 2002 wendeten Unternehmen in Deutschland rund 25 Mrd. Euro für Direktmarketing (ohne Internet- und Bannerwerbung) auf, was einem Anstieg gegenüber 1997 von rund 46 % entspricht. Adressierte Werbesendungen (inklusive Kataloge und Prospekte) stellen dabei mit 11,2 Mrd. Euro etwa 45 % aller Direktwerbemedien, gefolgt von Anzeigen und Beilagen mit Responseelement (5 Mrd. Euro) und Telefonmarketing (4,5 Mrd. Euro). Die durchschnittlichen Aufwendungen lagen bei knapp 35.000 Euro je Unternehmen. Diese Zahlen beziehen sich auf die Studie Direktmarketing Deutschland 2003 der Deutschen Post AG und veranschaulichen, dass der Werbebrief auch in Zeiten des Internets eine zentrale Rolle im Direkt- oder Dialogmarketing einnimmt. Die Novelle des UWG (Gesetz gegen den unlauteren Wettbewerb) im Sommer 2004 erschwert die Kaltakquise per E-Mail und Telefon, wodurch die Kundengewinnung durch Werbebriefe zusätzliche Bedeutung gewinnt.

Wo liegen die Stärken des Werbebriefes?

Nach wie vor bieten Werbebriefe, auch Direct Mailings, zu denen auch Kataloge und Prospekte zählen, oder kurz Mailings genannt, ein günstiges und effektives Medium, um Ihre Bestandskunden erfolgreich zu pflegen und neue Kunden zu gewinnen. Gegenüber den Alternativen Fax, E-Mail, SMS, Flugblatt, PR-Artikel, Anzeige, Plakat, Telefonmarketing und Website hat ein Werbebrief folgende entscheidende Vorteile:

Gute Gründe für den Werbebrief

- Sie sprechen Ihren Kunden persönlich an. Zugleich bündeln Sie Ihre Botschaft auf die potenziellen Interessenten. So ver-meiden Sie die Streuverluste von Massenmedien.
- Während PR-Maßnahmen Imagebildung und Bekanntheit unterstützen, formulieren Sie in Ihrem Werbebrief ein konkretes Angebot, das Ihnen Umsatz generieren soll.
- Mit einem Brief bedrängen Sie Ihren Kunden nicht. Er muss nicht auf Fragen am Telefon reagieren, muss sich weder rechtfertigen noch gegen-

über einem Verkaufsprofi durchsetzen. Der Kunde bleibt Herr der Situation und kann „unbeeinflusst" entscheiden.

- Gegenüber anderen Anschreibeformen besitzt der Werbebrief die höchste Wertigkeit. Er kann nicht mit einem Klick gelöscht werden wie eine E-Mail und erfordert keinen Internetzugang. Mit der Zunahme von unangefordeten Werbe-E-Mails (Spam) steigt die Neigung, E-Mails im Zweifelsfall zu löschen. Eine Untersuchung des renommierten Massachusettes Institute of Technology (MIT) MIT in Boston sieht die Grenze der Belastbarkeit bei 30 E-Mails täglich.
- Ein Werbebrief hat durch seine Gestaltung ein eigenes Profil. Trägt er gar eine Briefmarke und eine persönliche Unterschrift, so signalisiert er, dass jemand einen gewissen Aufwand betrieben hat, um den Empfänger zu erreichen. Das erzeugt
- zumindest die Neugier herauszufinden, warum und wer sich diese Mühe gemacht hat. Die Wertigkeit kann durch Aufmachung, Format und Beilagen gesteigert werden. Bilder, Beilagen und Antwortkarte wecken Interesse und informieren über das Produkt.
- Mit einem Werbebrief gehen Sie direkt und aktiv auf den Kunden zu, während Ihre Website, Anzeigen und Plakate passiv darauf warten, dass ein potenzieller Kunde Notiz von ihren Inhalten nimmt. Dadurch besitzen und vermitteln Werbebriefe auch eine stärkere Präsenz und Dynamik.
- Werbebriefe lassen sich abheften, wenn der aktuelle Bedarf zurzeit nicht gegeben ist, das Angebot an sich aber interessant erscheint. So kann der Empfänger auch später noch auf Ihre Leistungen zurückgreifen, z. B. wenn er sein bereits geplantes Bauvorhaben beginnt.
- Werbebriefe können mit vergleichsweise geringem Aufwand realisiert werden. Denken Sie nur an die Kosten für einen Außendienstmitarbeiter oder für einen einmaligen Spot im Regionalfunk. Geringe Kosten bedeuten geringes Risiko.
- Durch die Auswertung des Rücklaufs können Sie hinterher exakt ermitteln, welches Mailing bei welcher Zielgruppe beson-deren Erfolg hatte und legen so den Grundstein für weitere erfolgreiche Aktionen.

Vorsicht Fallstricke!

Gute Gründe also, dieses starke Marketinginstrument für Ihren Unternehmenserfolg einzuspannen. Doch dabei gibt es viele Fallstricke, die den Erfolg der Aktion gefährden, denn Planung und Durchführung erfordern sehr viel

Sorgfalt und Aufmerksamkeit. Dieses Buch vermittelt praxisnah und übersichtlich alles, was für die erfolgreiche Durchführung einer Direktmailaktion wichtig ist.

Der Werbebrief: vielseitig und zielgenau

Werbebriefe kommunizieren stets ein konkretes Anliegen. Der Empfänger soll ein Produkt kaufen, Mitglied werden, bei einem Spiel mitmachen, einen Termin vereinbaren, etwas spenden, den Versender auf der Messe besuchen, etc. Mit einem beigelegten Antwortfax, Bestellschein, Spendenträger oder Teilnahmeformular wird dem Empfänger das Reagieren leicht gemacht.

Information oder Bestellung?

Neben diesen responseorientierten Direct Mailings gibt es auch Mailings mit eher informativem Charakter. Dann soll eine Innovation bekannt gemacht werden, gute Kunden erhalten eine Aufmerksamkeit, es wird zu einer Veranstaltung eingeladen oder der neue Ansprechpartner im Unternehmen stellt sich den Kunden vor.

Praxis-Beispiel

Infobrief zum Firmenumzug

Sie geben allen Bestandskunden Ihre neue Anschrift bekannt und bitten um Aktualisierung der Kontaktdaten. Dabei können Sie auch gleich zu einem Tag der offenen Tür einladen, damit die Kunden schnell mit den neuen Räumlichkeiten vertraut werden. ◂

Dieses Buch bezieht sich vorrangig auf Werbebriefe mit Antwortmöglichkeit. Die Empfehlungen und Tipps gelten jedoch weitgehend auch für Info-Mailings, denn eine positive Reaktion wird auch hierbei angestrebt, wenn auch nicht so „abschlussorientiert“.

Praxis-Beispiel

Verkaufen ist nicht alles

Als Anbieter von hochwertigen Produkten, wie edlem Schmuck werden Sie kaum jemanden dahingehend ansprechen, dass er die Ware per beiliegendem Bestellformular direkt ordert. Sie werden vielmehr zu einer Vernissage einladen, bei der Interessenten sich in aller Ruhe die Exponate betrachten und kompetent beraten lassen können.

Die überwiegende Zahl von Werbebriefen strebt in der Kundenakquise eine positive Reaktion an: „Ja, ich will das haben und bestelle!“ Doch das wird Ihr potenzieller Kunde nur dann tun, wenn Sie ihn von Sinn und Wert Ihres Anliegens überzeugt haben! Erst wenn der Empfänger überzeugt ist, kann man von einem erfolgreichen Werbebrief sprechen.

Praxisorientierte Beratung

Auf diesem Weg wird Sie dieses Buch begleiten, von der fundierten Planung und den emotionalen Grundlagen des Erfolges über die textliche Ausarbeitung bis hin zur Checkliste vor dem Druck. Neben sprachlichen und strategischen Details kommt der Leserperspektive besondere Bedeutung zu. Denn schließlich wird Ihr Schreiben aus genau dieser Position *wahr*-genommen, dazu bedarf es allerdings eines überzeugenden Zusammenspiels von Firmencredo, inhaltlicher Aussage und stilistischem Auftreten.

Das Erste-Hilfe-Buch ist gedacht als beruflicher Begleiter für den (angehenden) Profitexter in der Agentur ebenso wie als Leitfaden für den Do-it-yourself-Texter im Unternehmen, der oft zugleich der Chef ist. Ein echtes Beraterbuch also für Praktiker und Chefs.

Experten-Tipp

Musterbriefe der Buch-CD nicht 1:1 übernehmen

Im Gegensatz zu Geschäftsbriefen, die immer wieder in sehr ähnlicher Form verwendet werden, sind Werbebriefe Unikate. Es ist davon abzuraten, einen Musterbrief 1:1 zu übernehmen. Vielmehr dienen die Musterbriefe als Beispiele für Formulierungen mit einem bestimmten Ziel und sollen Sie inspirieren, Ihre ganz individuellen Inhalte auf Ihre eigene Art entsprechend zu kommunizieren.

Dabei helfen Ihnen auch die Textbausteine für Headline, Anrede, Grußformel, PS und Antwortformular. Wählen Sie daraus die Art, die am besten zu Ihnen, Ihren Produkten und Ihren Kunden passt. Probieren Sie verschiedene Kombinationen und Varianten aus, Ihr Anschreiben wird durch jede Änderung eine andere Stimmung transportieren. Wichtig ist dabei, dass Sie sich mit Ihren Werbebriefen identifizieren und Ihre Kunden erreichen – inhaltlich wie emotional. Schärfen Sie Ihre Sinne für die Botschaften „zwischen den Zeilen“, denn das ist es, was Ihre Kunden bewegt.

Wie Sie von Anfang an richtig planen

Die Möglichkeiten für die Gestaltung eines Werbebriefes sind fast unbegrenzt. Entsprechend variieren die Produktions- und Versandkosten. Verschaffen Sie sich daher möglichst früh einen Überblick über die entstehenden Kosten, damit Sie Ihre ursprünglichen Pläne nicht mitten im Projekt begraben müssen, weil es Ihre finanziellen Grenzen sprengt.

Von Anfang richtig kalkulieren

Kostenplanung: Worauf muss ich achten?

Entscheidenden Einfluss auf die Kosten haben folgende Faktoren, die sich zudem teilweise gegenseitig bedingen:

- Format
- Beilagen
- Material
- Druck
- Farbigkeit
- Versandart
- Kreativleistungen
- Auflage

Bedenken Sie beim Format nicht nur die Druck- und Versandkosten, sondern auch die Handhabung. So können bei Sonderformaten eventuell Arbeiten wie Falzen, Stanzen, Kuvertieren und Freistempeln nicht maschinell erfolgen und so überproportional hohe Kosten verursachen. Dies gilt auch, wenn Sie beispielsweise die Idee haben, jedem Brief einen Würfel beizulegen. Die Beschaffenheit der Beilage beeinflusst die Verpackung und damit die Versandkosten.

Edles Papier erzeugt einen höherwertigen Eindruck, aber auch meist höheres Gewicht und höhere Kosten. Besondere Papiere wie Transparentkuverts stellen auch besondere Anforderungen an den Druck. Wichtig ist auch der Umfang: mit zwei Blättern DIN A4 und einem Kuvert in DIN lang kann die

Viele Faktoren beeinflussen den Preis

preisrelevante Portogrenze von 20 Gramm bereits ausgeschöpft sein. Es empfiehlt sich beim Papier, im Bereich von 80 bis 100 gr/m² zu bleiben. Zu dünnes Papier wirkt weniger wertig, zu dickes sperrig. Bei zwei Blatt á 80 g / m² und einem einfachen Kuvert können Sie sogar noch eine leichte Antwortkarte (Mindeststärke 150 g / m²) unterbringen. Dafür sind fünf Gramm Gewicht einzuplanen, bei einer Fotokarte sechs Gramm. Prüfen Sie das Endgewicht der Aussendung mit Briefmarke, bevor Sie größere Mengen produzieren. Bei einer knappen Überschreitung der Portogrenze kann Ihnen eventuell ein leichteres Kuvert helfen.

Natürlich steigen die Kosten – besonders in der Druckvorstufe – durch mehrere Farben. Und schließlich sind die Druckkosten auch in Abhängigkeit von der Auflage und damit von dem geeigneteren Druckverfahren zu sehen. Große Auflagen sind günstiger im Offsetdruck, kleine Mengen mit hohem Individualisierungs-grad werden am besten digital gedruckt.

Der Digitaldruck bietet Ihnen die Möglichkeit einer extrem individuellen Ansprache. Sie können den Empfänger im Schreiben wiederholt namentlich ansprechen, Textbausteine und Bilder auf die Zielgruppe abstimmen, ohne die Druckkosten zu erhöhen. So ist es beispielsweise auch möglich, für jeden Kunden ein speziell auf sein Fahrzeugmodell oder auf seine Sportart abgestimmtes Angebot mit entsprechend passendem Bild zu formulieren. Auch regionale Händleradressen oder Testimonials lassen sich individuell einfügen. Damit wird eine besondere Direktheit in der Kundenansprache erreicht. Preisliche Variationen zur Akzeptanzprüfung unterschiedlicher Preise sind im Digitaldruck ebenso einfach möglich. Gute Gründe also, bereits vor dem Formulieren des Werbebriefes auch über die Möglichkeiten der drucktechnischen Umsetzung nachzudenken.

Beim Versand lassen sich abhängig von Format und Gewicht große Kosteneinsparungen erzielen. Näheres dazu erfahren Sie im Kapitel „Was ist beim Versand zu beachten?“. Und schließlich sollten Sie sich von Anfang an darüber im Klaren sein, welche Leistungen Sie selbst erbringen (können), und welche Sie an externe Fachleute in Auftrag geben. Hierbei können immer wieder zwei Zeitfresser beobachtet werden:

Vorsicht: Zeitfresser!

- Konzeption und Ausarbeitung des Werbebriefes haben intern bereits viel Zeit mehrerer Mitarbeiter verschlungen und bis man sich schließlich entscheidet, eine Agentur oder direkt einen Texter, der die Aufgabe in weit kürzerer Zeit sowie meist mit überzeugenderem Ergebnis bewältigt, zu beauftragen. Frei nach dem Motto „Schreiben kann doch jeder!“. Für die grafische Gestaltung und Fotografien gilt dies weniger, da hier die Notwendigkeit, einen professionellen Dienstleister hinzuziehen, eher gesehen wird.

- Der zweite Punkt betrifft die unklare Zielsetzung. Der Auftrag des Werbebriefes wird kurzfristig umdefiniert sowie die Zielgruppe, das Format oder die Beilagen geändert. Dadurch wird es meist erforderlich, mit der Arbeit von vorne zu beginnen. Umgekehrt gilt, je klarer Sie wissen, was Sie wollen, desto günstiger wird die ganze Ausarbeitung.

Fixkosten unabhängig von der Auflage

Die Auflage beeinflusst die Gesamtkosten nur unterproportional, denn die Fixkosten wie Konzept, Kreation, Druckvorstufe und Einrichtungspauschalen fallen unabhängig von der Höhe der Auflage an. Kalkulieren Sie daher die Gesamtkosten für verschiedene Auflagen und stellen diesen die prozentualen Erfolgserwartungen gegenüber. So sehen Sie schnell, in welcher Größenordnung Sie sinnvoller Weise produzieren und aussenden.

Zur Frage der Kreativleistungen enthält die Veröffentlichung *Das kostet Kommunikation* (siehe Literaturhinweis) interessante Aussagen. So weichen die Preise der untersuchten Agenturen im Bereich Direktmailing stark voneinander ab. Von der Konzeption bis zur Produktion sind Kostenvoranschläge teilweise kaum miteinander zu vergleichen. Das birgt einerseits ein großes Potenzial hinsichtlich der Kosteneinsparung aber auch die Gefahr der Fehlkalkulation.

Mit einer Checkliste erfassen Sie die relevanten Kostenpositionen und behalten dadurch von Anfang an den Überblick. In diesem Beispiel wird davon ausgegangen, dass Sie kein Fulfilment durch einen spezialisierten Anbieter in Anspruch nehmen und sowohl den Rücklauf wie auch eine Nachfassaktion und die Datenbankpflege selbst abwickeln. Ansonsten sind die ausgelagerten Leistungen unter den externen Kosten zu listen.

Checkliste Kostenplanung

Kostenarten	Std.	Euro
Interne Kosten:		
Mitarbeiter-Stunden für...		
Konzeption		
Entwürfe		
Briefing		
Projektleitung		
Abstimmung, Meetings, Präsentationen		
Response-Erfassung:		
Nachfassen		
Kundenbetreuung		
Auswertung		
Abrechnung		
Datenbankpflege		
Externe Kosten:		
Beratung		
Adressen		
Software für Adressenverwaltung und -abgleich		
Material: Kuverts, Papier, Beilagen, Preise, Proben, Muster		
Konzeption, Text		
Grafik, Layout		
Foto		
Druckvorstufe		
Drucken, Schneiden, Falzen, Stanzen, Veredeln		
Adressieren, Kuvertieren, Einschweißen, Frankieren, Sortieren, Ausliefern		
Porto		

Zur Konzeption hilft Ihnen die folgende Checkliste. Darin können Sie eintragen, bis wann die enthaltenen Fragen von wem zu klären sind. So nutzen Sie zugleich die Möglichkeit der Delegation und halten sich Zeit frei für die wichtigsten Aufgaben in der Vorbereitungsphase der Aktion.

Checkliste Konzeption I

Was soll Ihr Mailing „verkaufen"?	**bis**	**von**
Worin besteht der USP?		
Welche Emotionen sollen angesprochen werden?		
Wer kommt als Zielgruppe – neben bestehenden Kunden – in Frage?		
Woher bekommen Sie geeignete Adressen?		
Wer prüft diese auf Aktualität und Dubletten?		
Stimmt der Ansprechpartner noch?		
Wer verfasst Anschreiben und Response-Element?		
Welche Corporate Identity liegt dem Ganzen zugrunde?		
Gibt es ein Corporate Design zu berücksichtigen?		
Welches Budget steht zur Verfügung?		
Wie viele Mailings wollen Sie versenden?		
Welches Format, welche Versandart kommt in Frage?		
Welche Antwortmöglichkeiten erhalten die Empfänger?		
An welchen Stellen auf dem Mailing werden Adressdaten abgedruckt (Adressfeld, Anrede, Response-Element, Bonus-Karte, im Text?)?		
Wer kümmert sich um den eingehenden Rücklauf: Anrufe, Briefe, Karten, Faxe, E-Mails?		
Stehen genügend und ausreichend qualifizierte Mitarbeiter zur Verfügung?		
Was wird vom Unternehmen selbst geleistet?		
Welche Aufgaben werden in Auftrag gegeben?		

Woher bekommen Sie Unterstützung?		
Wann soll der Versand erfolgen?		
Ist ein Probeversand mit einem Testmailing vorzusehen?		
Wie soll der Erfolg des Mailings gemessen werden?		
Ist eine Nachfassaktion vorzubereiten?		

Wie sieht die optimale Terminplanung aus?

Theoretisch bietet Ihnen ja gerade der Werbebrief ein sehr kurzfristig einsetzbares Marketinginstrument. Ist er doch schnell erstellt, gedruckt und verschickt. Jedoch erfordert es in der Praxis mehrere Wochen, manchmal sogar Monate, bis eine umfangreiche Direktmail-Aktion von A bis Z gut vorbereitet ist und verschickt werden kann. Schließlich müssen die einzelnen Elemente sehr sorgfältig aufeinander abgestimmt werden, damit alles stimmig ist und der Empfänger zum Reagieren veranlasst wird. Es wäre nicht das erste Mal, dass beispielsweise ein Mailing im April geplant wurde, vor den Sommerferien versendet werden sollte und letztendlich erst im Herbst auf den Weg gebracht werden kann. Eine solide Terminplanung hilft Ihnen, doppelte Arbeit zu vermeiden und das Ziel erfolgreich zu erreichen. Verschaffen Sie sich möglichst frühzeitig einen Überblick über die notwendigen Schritte bis zur Realisierung Ihres Werbebriefes, um eine realistische Zeitplanung aufstellen zu können.

Terminplanung rückwärts

Bei der Zeitplanung ist es sinnvoll rückwärts vorzugehen. Ermitteln Sie also zuerst, wann der Empfänger Ihren Werbebrief in Idealfall erhalten soll. Die bevorzugten Monate für die Versendung von Direct Mailings an Geschäftskunden sind Februar bis April und September bis Dezember. Weihnachtspause und Sommerferien sind ungünstig, da Ihr Schreiben Gefahr läuft, liegen zu bleiben, um dann nach dem Urlaub mit den übrigen angesammelten Werbebriefen im Bündel entsorgt zu werden.

Günstige Tage für den Versand wählen

Gleiches gilt für Brückentage und für Feiertage wie Ostern und Pfingsten. Der Mai hat viele bewegliche Feiertage und ist daher weniger gut geeignet, im Dezember haben Ihre Werbebriefe große Konkurrenz, da zum Jahresende viele Grüße, Spendenaufrufe und Geschenksendungen eingehen. Mon-

tags sammelt sich die ganze Post seit Samstag und freitags sind viele bereits im Wochenende. Der beste Tag ist also ein Werktag unter der Woche (Dienstag bis Donnerstag) ohne Unterbrechungen durch Feiertage oder Ferien. Berücksichtigen Sie ein bis zwei Tage für den Postweg, d. h. Sie sollten Ihre Werbebriefe am Montag zur Post bringen.
Sind Ihre Empfänger Privatpersonen, so ist es günstig, wenn Ihr Mailing zum Wochenende eintrifft, da diese dann eher Zeit zum Lesen der Post haben. Gleiches gilt für die Urlaubszeit.
Denken Sie auch an die Möglichkeit antizyklisch zu werben. Wenn Sie im nasskalten Winter Träume von Sonne, Meer und Strand transportieren, ist Ihnen eine hohe Aufmerksamkeit sicher.

Zeitbedarf nicht unterschätzen

Bevor es jedoch soweit ist, dass Ihre Kunden einen Brief von Ihnen erhalten, sind verschiedene Aufgaben zu managen und zeitlich realistisch zu planen. Die Ausarbeitung des Mailings kann zwei Wochen und länger dauern. Zu beachten ist hier insbesondere der Abstimmungsbedarf mit den beteiligten Abteilungen. Auch der Zeitbedarf für das Ergänzen, Verifizieren beziehungsweise Aufarbeiten der Adressdatensätze wird oft unterschätzt. Hierfür können in Abhängigkeit von der Qualität des vorhandenen Adressmaterials mehrere Wochen Arbeit erforderlich sein. Eine professionelle Software kann Ihnen hierbei viel Arbeit abnehmen und erheblich Zeit sparen, sodass sich diese Investition schnell rechnet.

Auf die Reihenfolge kommt es an

Insgesamt sollten Sie bei einer größeren Mailaktion bis zum Versand der ersten Briefe mindestens einen, besser zwei Monate Zeit einplanen. Einen Überblick über die wichtigsten Fragen und Aufgaben vor dem Versand gibt Ihnen die folgende Liste. Tragen Sie darin ein, wer was bis wann bearbeitet.

Checkliste: Aufgaben

Was	bis	von
Ziele der Aktion definieren		
Zeitplan erstellen		
geeignete Adressen einkaufen		
eigene/neue Datensätze ggf. aufarbeiten, ergänzen, aktualisieren, abgleichen		
Zielgruppe unterteilen in Einheiten, die individuell angesprochen werden sollen		
Produkteigenschaften und Kundennutzen auflisten		
Kernaussage definieren		
mögliche Hindernisse auflisten		
geeignete Belege, Garantien, Testimonials bestimmen		
Format, Umfang, Beilagen, Versandart festlegen		
Mailing entwerfen		
Response-Element entwerfen		
Diskussion der Entwürfe		
Alternativen prüfen		
Angebote einholen: Agenturen, Foto, Grafik, Text, Auslieferung, Druckereien, Call-Center und Lettershops		
Ausarbeitung des favorisierten Entwurfs		
evtl. Testversand von Varianten		
Auswertung des Tests		
Überarbeitung des Mailings		
Bereitstellen der im Mailing angebotenen Produkte, Geschenke, Broschüren, Eintrittskarten etc.		
Organisation des Rücklaufes: Personal extern/intern, Qualifikation, Gesprächsleitfaden, Antwortbriefe, Beratung, Versand, Abrechnung, Bereitstellen der technischen Voraussetzungen		

Druck, Weiterverarbeitung und Versand		
Auswertung		
Datenbankpflege		

In Abhängigkeit davon, wie viele Aufgaben parallel bearbeitet werden können, ergibt sich daraus ein erforderlicher Mindestzeitbedarf, den Sie vor der Versendung brauchen, um die Aktion gründlich vorbereiten zu können. Eine Mailing-Aktion ist nur dann erfolgreich, wenn alle Bestandteile gut funktionieren. Was nützt Ihnen der beste Werbebrief, wenn die Kunden am Telefon unzureichend oder unprofessionell beraten werden? Wenn Sie eine Telefonnummer angeben, stellen Sie vor der Versendung Ihres Werbebriefes sicher, dass unter dieser Nummer ausreichend viele fachlich kompetente und/oder im Telemarketing geschulte Ansprechpartner erreichbar sind.

Gerade bei größeren Mengen ist es von Anfang an wichtig, die maschinelle Verarbeitung in allen Produktionsschritten bis zum Versand im Auge zu behalten, da sonst hohe Kosten für die manuelle Bearbeitung anfallen können. Klären Sie die Möglichkeiten und Grenzen bereits in der Konzeptionsphase mit der Druckerei und dem Lettershop ab.

Pufferzeiten einplanen

Experten-Tipp

Planen Sie für die Vorbereitungsphase Pufferzeiten von 10, bis 20 % ein. So geraten Sie durch unvorhergesehene Probleme nicht gleich in Zeitdruck. Insbesondere das Einholen von Angeboten, deren Vergleich und die Auftragsvergabe kosten oft mehr Zeit als erwartet. Aber auch langwierige Abstimmungsprozesse mit beteiligten Abteilungen oder Probleme bei der Qualifizierung der Adressdaten können zu Verzögerungen des Zeitplans führen. ◂

Gute Texte müssen reifen. Lassen Sie Ihre Entwürfe mindestens einen Tag liegen und lesen Sie sie nochmals mit dem neu gewonnenen Abstand kritisch durch. Sie werden staunen, was Ihnen plötzlich noch alles auffällt. Bis ein Werbebrief steht, sind oft mehrere Überarbeitungen notwendig. Wenn Sie also einen Werbebrief verfassen und meinen, dieser sei bereits perfekt, so verschenken Sie die Chance, daraus einen noch besseren zu machen.

Auch hier gilt: die ganze Aktion steht und fällt mit der Qualität aller Bestandteile.

Co-Marketing

Überlegen Sie auch, ob Sie nicht gemeinsam mit einem Unternehmen aus einer anderen Branche ein attraktives Angebotspaket für Ihre Kunden schnüren wollen! Das bietet einige Vorteile: Sie teilen die Kosten, gewinnen die Kunden des Partnerunternehmens hinzu. können ein attraktiveres Angebot erstellen und erzielen somit eine höhere Resonanz.

Praxis-Beispiel

Synergien nutzen

Autowaschanlage und Autozubehörhandel laden gemeinsam zum Frühjahrsputz der Kundenfahrzeuge ein. Ein Eimer mit Reinigungs- und Pflegemitteln zum Vorzugspreis, eine rabattierte Zehnerkarte für die Waschstraße und ein Gewinnspiel verspricht zehn Tankgutscheine der benachbarten Tankstelle. ◂

So kommen Ihre Werbebriefe an

Die wichtigste Frage für Sie ist: Was macht den Erfolg eines Mailings aus? Ganz allgemein betrachtet ist ein Mailing genau dann erfolgreich, wenn es nacheinander folgende vier Hürden nimmt:

Der Hürdenlauf der Werbebriefe

1. Es veranlasst den Empfänger zum Öffnen des Kuverts.
2. Es weckt Interesse am Angebot.
3. Es überzeugt von den Vorteilen und erzeugt Verlangen.
4. Es motiviert zu der gewünschten Reaktion.

AIDA-Formel

Diese Aufgaben wurden von dem Werbeprofi Cyril Freer bereits 1920 auf die bekannte AIDA-Formel gebracht: Attention – Interest – Desire – Action. Zu deutsch: Aufmerksamkeit – Interesse – Begehren – Handeln.

Etappen- und Endziel

Die ersten drei Erfolge sind Etappensiege auf dem Weg zum eigentlichen Ziel: der Reaktion des Lesers! Zunächst ist der Leser neugierig auf den Inhalt des Werbebriefumschlages zu machen. Durch schnell wahrnehmbare Informationen soll anschließend beim Überfliegen des Briefes genügend Interesse geweckt werden, sich intensiver mit dem Thema zu befassen. Als Drittes muss der Inhalt im Detail überzeugen und schließlich ist genug Motivation aufzubauen, damit der Leser tatsächlich reagiert und nicht im letzten Moment doch einen Rückzieher macht.

Nur nicht entsorgt werden!

Der kritischste Moment ist, wenn der Werbebrief zusammen mit der übrigen Post auf dem Schreibtisch liegt und eventuell droht, bereits vor dem Öffnen als überflüssige Werbung aussortiert zu werden. Wenn der Empfänger den Brief ungeöffnet entsorgt, scheitert Ihr Vorhaben bereits vor dem eigentlichen Start. Dann nützt auch ein noch so genialer Inhalt nichts. Aber zum Glück trifft dieses Schicksal nur etwa zehn Prozent der Werbebriefe. Aber wie bewegen Sie den Empfänger zum Öffnen des Kuverts? Präsentieren Sie Ihr Anschreiben in einer für die Zielgruppe attraktiven Form. Je nach Produkt und Zielgruppe stehen grundsätzlich zwei Strategien zur Auswahl:

Seriöse Strategie

- Sie treten seriös auf und erzeugen bei einer anspruchsvollen Zielgruppe Vertrauen in die Zuverlässigkeit und den Wert Ihres Angebotes. Der persönliche, exklusive Eindruck kann dadurch gesteigert werden, dass das Kuvert von Hand beschriftet beziehungsweise in Handschrift bedruckt ist oder einen Absender mit klangvollem Titel trägt.

Werbliche Strategie

- Sie treten betont werblich auf, indem Sie bereits auf dem Kuvert einen zentralen Kundennutzen versprechen, auf die Einmaligkeit dieser Gelegenheit verweisen, oder etwas „Wertvolles" durch ein Fenster sichtbar machen.

Neugierde zunutze machen

Machen Sie sich zunutze, dass Menschen von Natur aus neugierig sind. Die meisten werden wissen wollen, was sich im Kuvert verbirgt und zumindest einen Blick darauf werfen. Damit hätte Ihr Werbebrief bereits die erste Hürde genommen. Ausführlich wird dieses Thema im Kapitel „Signale von außen" behandelt.

In Sekunden informieren

Bemühen Sie sich, Ihrem Leser das Thema schon beim Überfliegen des Briefes nahe zu bringen. Geben Sie ihm etwas, das sein Interesse weckt.

Experten-Tipp

Ankerpunkte festigen das Interesse

Wenn der Empfänger das Mailing überfliegt, braucht er positive Ankerpunkte, an denen er sein Interesse fest machen kann. Findet er diese nicht, ist das Schreiben für ihn uninteressant und er wird daher auch nicht weiter in die Details einsteigen. Entdeckt der Empfänger jedoch gleich beim ersten Überfliegen ein paar für ihn wichtige, interessante Botschaften, so wird er sich den übrigen Inhalt gerne auch genauer anschauen. Denken Sie daran, dass der Empfänger innerhalb weniger Sekunden die Entscheidung trifft, ob Ihr Anschreiben für ihn relevant ist oder nicht. Dabei helfen Hervorhebungen – aber nicht Ihres Firmennamens, sondern der zentralen Vorteile für den Kunden. ◂

Blickverlauf des Lesers

Hilfreich beim Setzen der Ankerpunkte ist der vom Direktmarketing-Spezialisten Professor Siegfried Vögele untersuchte Blickverlauf des Lesers beim ersten Überfliegen des Werbebriefes. Dieser analysiert den Absender, prüft die eigene Anschrift, geht über die Headline und die Anrede hinunter zum Textkörper. Hiervon werden zunächst nur die hervorstechenden Elemente wahrgenommen. Der Blick überfliegt den Gruß, die Unterschrift und das PS. Im Allgemeinen kann man von dieser Reihenfolge ausgehen, um die

Dramaturgie des Mailings optimal abzustimmen. Die Emotionen sind in erster Linie Neugier auf den Inhalt des Schreibens und die Angst, etwas Wichtiges zu verpassen, wenn man den Brief ignoriert. Die begleitenden Gedanken des Lesers sind dabei folgende:

- Kuvert – Was ist darin enthalten?
- Adressfeld – Ist das für mich?
- Absender im Briefkopf – Wer ist das eigentlich? Was machen die?
- Schlagzeile – Worum geht es? Was bieten die mir an?
- Unterschrift – Wer steht dahinter?
- PS – Was bringt mir das?
- Anrede – Welche Sprachebene wählt der Absender? Wie ist er mir gegenüber eingestellt?
- Fließtext – Welche Vorteile habe ich davon im Detail? Wie soll das funktionieren?
- Antwortcoupon – Hat die Sache einen Haken? Was kostet das am Ende?

Beim ersten Überfliegen des Fließtextes zwischen Schlagzeile und Unterschrift und zurück zwischen PS und Anrede sollte der Leser wie oben erwähnt durch Hervorhebungen der Hauptaussagen und Vorteile bereits positive Signale erhalten. Das Interesse steigt in dem Maße, in dem ein persönlicher Nutzen erkennbar wird.

Experten-Tipp

Denken Sie für den Leser mit

Geben Sie dem Leser, was er braucht und wünscht. Überzeugen Sie durch gute Argumente. Entkräften Sie mögliche Einwände bevor diese überhaupt entstehen.

Haben Sie erst einmal sein Interesse geweckt, so geht es nun darum, den Leser vom Angebot zu überzeugen. Beantworten Sie die Fragen des Lesers, bevor er sie stellt! Entsprechen Sie nicht nur seinen Erwartungen, sondern überraschen Sie mit einem Mehrwert. Schließlich vermitteln Ihre Argumente dem Leser die Notwendigkeit, die Richtigkeit und den Vorteil, Ihr Angebot wahrzunehmen.

Entscheidungen sind keine reine Kopfsache

Wichtig hierbei ist: Kaufentscheidungen werden nicht (ausschließlich) vom Kopf getroffen. Sprechen Sie daher unbedingt Emotionen an. Appellieren Sie an die Gefühle des Lesers. Sympathie, Vertrauen, Zugehörigkeit sind meist unbewusste, aber dennoch starke Kaufmotivatoren. Rationale Argumente machen es dem Verstand leicht, ein Angebot anzunehmen. Genauso leicht lassen sie sich jedoch mit einem „Ja, aber ...“ wieder vom Tisch wischen. Nicht jedoch, wenn zugleich Emotionen für dieses Angebot sprechen.

Praxis-Beispiel

Autokauf

Wahrscheinlich kennen Sie das von sich selbst: wenn Sie sich für ein bestimmtes Modell begeistern, werden die rationalen Argumente für dieses Modell geradezu gesammelt, um die Kaufentscheidung schließlich auch vernunftgemäß zu rechtfertigen. Anderen gegenüber werden Sie ebenfalls diese rationalen Argumente anführen, aber Ihre Entscheidung war überwiegend emotionaler Natur. ◂

Nur nicht beiseite gelegt werden!

Belohnen Sie eine schnelle Reaktion des Lesers. Wenn Ihr Empfänger das Schreiben erst einmal beiseite legt, sinken die Chancen auf eine Kaufantwort rapide. Mit jedem Tag verliert Ihr Angebot an Aktualität. Daher geben Sie alles, damit der Empfänger sofort antwortet.

Erst durch diese vier Teilerfolge wird das Mailing als Ganzes zum Erfolg. Es ist also kein leichter Weg, den Ihr Werbebrief durch die skeptischen und kritischen Instanzen des Empfängers gehen muss – schließlich: wer freut sich schon über Werbepost? Wie Sie dabei im Detail vorgehen, erfahren Sie in den folgenden Kapiteln.

Initialidee definieren

Als Initiator und Auftraggeber der Mailingaktion haben Sie eine erste Idee von dem, was Sie vermitteln und ausdrücken möchten. Diese Initialidee hat Sie veranlasst, einen Werbebrief zu starten. Diese ursprüngliche Motivation definiert den Auftrag des Mailings und wirkt prägend auf Form, Stil und Inhalt.

Arbeiten Sie Ihre Initialidee aus

- Notieren Sie vor der Ausarbeitung des Werbebriefes Ihre Initialidee in diesem Zusammenhang!
- War es der Wunsch, Ihren langjährigen Kunden Dank zu sagen?
- War es die Idee, die Präsentation Ihrer neuesten Modelle mit einem großen Konzert zu verknüpfen?
- War es der Einfall, die Responsequote durch ein Preisausschreiben zu erhöhen?
- War Ihre Idee, an das Sicherheitsbedürfnis alleinerziehender Väter zu appellieren?
- Oder witzige Vergleich von Samen und Produktionslogistik? (mehr zu dieser Idee im Kapitel „Gleich richtig! – der Einstieg")
- Was war Ihre Initialidee? Schreiben Sie diese jetzt auf:

  ....

Schreiben Sie an Menschen, nicht an Zielgruppen

Wer werden Ihre Leser sein?

Um zu wissen, *was* ankommt, müssen Sie zuallererst wissen, *bei wem* es ankommen soll. Ihr Erfolg wird davon abhängen, wie exakt Sie Ihre Zielgruppe definieren und wie gut Sie die Bedürfnisse und den Stil der Empfänger kennen.

Zielgruppen-Selektion

Analysieren Sie Ihre Kundendaten. Gibt es Möglichkeiten der Gruppenbildung nach Alter, Geschlecht, Wohnort, Beruf, Bildung, Interessen oder anderer Merkmale? Auf der CD-ROM finden Sie eine Checkliste mit beispielhaften Kriterien für die B2B- und B2C-Zielgruppenauswahl.

Gibt es eine Liste von Kunden, die schon länger nicht mehr gekauft haben? Überlegen Sie, mit welchem Angebot Sie diese reaktivieren können.

Erstellen Sie ebenfalls eine Liste von Interessenten. Dazu gehören alle, die bereits eine Anfrage an Sie gerichtet, die ein Angebot angefordert oder Sie im Internet besucht haben. Aber auch Besucher am Tag der offenen Tür oder Teilnehmer an einem früheren Gewinnspiel gehören dazu, sofern hierüber Daten vorliegen. Entscheidend ist, dass diese Personen die „Berührungsangst„ zu Ihrem Unternehmen bereits überwunden haben und Ihr Angebot auch teilweise schon kennen.

To Do

Bilden Sie sinnvolle Neukundengruppen

Im zweiten Schritt überlegen Sie, inwieweit Sie auch andere Gruppen mit Ihrem Angebot ansprechen wollen. Wo finden Sie diese, was zeichnet diese Neukunden aus?

Wenn Sie genau wissen, wen Sie anschreiben wollen, bilden Sie sinnvolle Blöcke, die jeweils ein individuelles Anschreiben erhalten. Denn ebenso schädlich wie es ist, einen Stammkunden mit „Lieber Interessent" anzusprechen, so verkehrt wäre es Frauen einen Rasierapparat anzubieten. Differenzieren Sie also Ihre Zielgruppen hinsichtlich der Möglichkeit, ein gemeinsames Anschreiben zu formulieren. Mögliche Gruppen sind:

- Stammkunden
- Neukunden des letzten Jahres
- längere Zeit nicht mehr aktive Kunden
- Interessenten
- Unqualifizierte Adressen aus einem Verzeichnis

Inhalte auf Empfänger abstimmen

Entsprechend unterschiedlich gestaltet sich die Aussage Ihres Werbebriefes: Stammkunden werden Sie vielleicht als Dankeschön eine Aufmerksamkeit, einen Gratisservice oder eine Einladung zukommen lassen; Neukunden werden Sie ein attraktives Angebot für einen Folgekauf senden. Bei den längere Zeit nicht mehr aktiven Kunden werden Sie mit einem aktuellen, attraktiven Angebot versuchen herauszufinden, wer Ihnen als Kunde verloren ging (Umzug, Tod, Konversion) und wer nur längere Zeit keinen Bedarf mehr hatte.

Die Teilnehmer an einem früheren Gewinnspiel hatten bereits Kontakt mit Ihrem Unternehmen und sollen nun als aktive Kunden geworben werden. Überlegen Sie, womit Sie diese überzeugen können. Interessenten stehen Ihrem Unternehmen und Angebot grundsätzlich eher aufgeschlossen gegenüber.

Bei den unqualifizierten Adressen schließlich versenden Sie vielleicht auf gut Glück ein Schnäppchenangebot ohne den Brief zu personalisieren und messen den Rücklauf dieser Gruppe im Vergleich zu den übrigen Briefen mit Ansprechpartner.

Ebenso ergeben sich Unterschiede in der Tonalität zwischen einer jungen Internetzielgruppe und älteren Premium-Kunden, selbst wenn Sie beiden z. B. einen Handyvertrag anbieten.

Keine Philosophiestunde!

Ein wesentlicher Anteil am Erfolg eines Werbebriefes liegt in seiner schlüssigen Gesamtkonzeption. Viele Details wollen gut aufeinander abgestimmt sein, damit das aktuelle Angebot vom Empfänger angenommen wird. Dazu ist es wichtig, dass Ihr unternehmerisches Selbstverständnis – Ihre Geschäftsphilosophie – für den Kunden *erlebbar* wird. *Schreiben* Sie also nicht, dass es zu Ihren Grundsätzen gehört, Ckundenorientiert zu handeln“, sondern zeigen Sie, dass Sie es *sind*.

Experten-Tipp

Kundennutzen und innere Einstellung

Denken Sie beim Verfassen des Briefes nicht an Kundenbindung, sondern konzentrieren Sie sich auf den Kundennutzen, den Sie stiften wollen. Ihre Zielsetzung wie auch Ihre Einstellung beim Schreiben wird später spürbar sein! Ob Zweifel, Begeisterung oder Vorbehalte – zwischen den Zeilen steht oft mehr als einem recht ist.

Auf die richtige Perspektive kommt es an

Einer der häufigsten Fehler in Werbebriefen ist die falsche Perspektive des Schreibenden. Viele beschreiben in aller Unbescheidenheit, welche *sagenhaften* Produkte ihr *tolles* Unternehmen dem Leser *großzügiger* Weise anbietet. Und er, der Angesprochene, soll daher doch bitte sofort reagieren. Dazu werden der Produkt- und Firmenname ständig wiederholt, damit der Empfänger sie sich ja gut merkt.

Experten-Tipp

Versetzen Sie sich beim Schreiben unbedingt in die Position des Empfängers

Schreiben Sie nicht über *Ihre* Vorzüge, sondern über *seine* Vorteile. Der richtige Platz für Ihre Selbstdarstellung ist die Imagebroschüre, nicht der Werbebrief.

Gewinnen Sie Abstand!

Mitarbeiter und besonders Inhaber von Unternehmen laufen Gefahr, ihren Betrieb als den Mittelpunkt der Welt zu betrachten. Hierum dreht sich alles: Erfolg, Misserfolg, Aufträge, Verantwortung, Arbeitsplätze, Existenz. Diese Involviertheit macht es oft schwer, den nötigen Abstand zur eigenen Position zu gewinnen.

Machen Sie selbst den Test: lesen Sie die Werbepost, die Ihnen ins Haus flattert. Wie oft lesen Sie da „Wir“, „unser“, „wir uns“ etc.? Die Wirkung? Den Absender nehmen Sie als einen selbstbezogenen „Wir-die-Firma-Komplex“ wahr, der bei sich bleibt und trennt in „Wir hier“ und „Sie da“. Sie bleiben „außen vor“. Verkaufsfördernd ist das nicht.

Praxis-Beispiel

Negativ-Beispiel: Anschreiben aus Unternehmensperspektive

Marktführer im Objekt- und Personenschutz!

Sehr geehrter Herr Grünspan,

heute stellen wir Ihnen unsere Leistungen in der Sicherheitstechnik vor: die ABC-Gruppe ist europäischer Marktführer im Objekt- und Personenschutz. Wir schützen Personen und Gebäude durch bestens ausgebildete Sicherheitskräfte als auch durch die Installation modernster Sicherheitstechnik.

Eine weitere Sparte bildet der telefonisch erreichbare Wachdienst, der bei Gefahr oder Unfall entsprechende Hilfskräfte alarmiert. So bei Rauchentwicklung, Gasaustritt oder bei Erschütterungen. Dabei besitzen wir eine mittlerweile zwanzigjährige Erfahrung und sind in folgenden Ländern präsent:

Dänemark, Deutschland, Belgien, Frankreich, Luxemburg, Liechtenstein, Niederlande, Österreich, Schweiz sowie auf den Ferieninseln Mallorca, Menorca, Teneriffa und Ischia.

Die Profis im Sicherheitssektor – auch für Ihre Sicherheit.

Mit freundlichen Grüßen

Jobst B. Scheid

ABC-Sicherheitstechnik KG

Im ganzen Anschreiben ist nur zwei Mal vom Kunden die Rede: im ersten Satz als Empfänger „heute stellen wir *Ihnen*“ und im letzten Satz ebenfalls passiv: „auch für *Ihre* Sicherheit“. Nicht gerade viel für einen Brief zur Kundengewinnung. Dazwischen preist sich das Unternehmen und zählt emotionslos Leistungsmerkmale auf, ohne einen Bezug zum Angesprochenen herzustellen.

Wie viel wirkungsvoller könnten viele Mailings alleine schon dadurch werden, dass die selbstzentrierte Wir-Position zugunsten einer Sichtweise aus der Kundenperspektive aufgegeben wird! Es ist nicht immer leicht, sich von der betriebsbezogenen Sichtweise zu lösen und sich wirklich in den Empfänger der Werbebriefe hinein zu versetzen. Aber es lohnt sich!

Denn dadurch, dass Sie nicht sich und Ihr Produkt in den Vordergrund stellen, entsteht ein freier Raum für die Bedürfnisse, Probleme und Wünsche Ihres (zukünftigen) Kunden. Und darüber liest dieser auch wirklich sehr viel lieber, denn – so ist es nun mal – seine Belange interessieren ihn einfach weitaus mehr als Ihre Produkte und Ihr Anliegen. So erhält das obige Mailing größeren Kundenbezug:

Anschreiben aus Kundenperspektive

CD-ROM

Schlafen Sie gut!

Sehr geehrter Herr Grünspan,

die ABC-Gruppe ist europäischer Marktführer im Objekt- und Personenschutz. Wir schützen Sie und Ihren Besitz durch bestens ausgebildete Sicherheitskräfte als auch durch die Installation modernster Sicherheitstechnik.

Eine weitere Sparte bildet der Wachdienst, der bei Gefahr oder Unfall entsprechende Hilfskräfte alarmiert – telefonisch für Sie rund um die Uhr erreichbar. Automatischer Alarm in Ihrer Abwesenheit bei Rauchentwicklung, Gasaustritt oder bei Erschütterungen. Profitieren Sie von unserer zwanzigjährigen Erfahrung in folgenden Ländern:

Dänemark, Deutschland, Belgien, Frankreich, Luxemburg, Liechtenstein, Niederlande, Österreich und der Schweiz.

Auch auf den Ferieninseln Mallorca, Menorca, Teneriffa und Ischia kümmern wir uns um die Sicherheit Ihrer Immobilie.
Geben Sie Ihre Sicherheit in die richtigen Hände. Wir wollen, dass Sie gut schlafen!

Mit freundlichen Grüßen

Jobst B. Scheid
ABC-Sicherheitstechnik KG

Schon in der Schlagzeile wird signalisiert: es geht um den Empfänger. Und auch im Text wird der Produktnutzen immer wieder als Kundennutzen dargestellt. Am Ende schließt sich die thematische Klammer mit dem guten Schlaf. Alles in allem einiges Erfolg versprechender als die erste Fassung. Nur übertreiben Sie nicht mit dem Kundennutzen dahin gehend, dass jede noch so kleine Produkteigenschaft zum weiteren Mininutzen für den Kunden umgemünzt wird. Das wirkt konstruiert und erschüttert die Glaubwürdigkeit der ganzen Botschaft.

Keine Datenschlachten

Ein anderes Problem tritt oft dann auf, wenn ein technischer Spezialist seinen Kunden die Vorteile seines Produktes vermitteln will. Der Versuch mündet häufig in einer Litanei von technischen Daten und produktspezifischen Leistungsbeschreibungen, mit denen er seinen Kunden füttert wie einen Computer. Auch hier bleibt der Empfänger des Mailings emotional unberührt. Der Bezug zu seinem Leben, seinen Bedürfnissen, seinen Problemen und seinen Wünschen fehlt ganz einfach. Vertrauen Sie nicht darauf, dass Ihr Leser diesen Bezug selbst herstellen wird.

Praxis-Beispiel

Negativ-Beispiel: Anschreiben rational-technisch

Sehr geehrter Herr Plattmann,

wir bieten Schaltplan-Verifizierungen mit Netzlistenübernahme von Calay, OrCad u.v.a. Integrierte Schaltkreise und Leiterplatten-Entflechtung mit Multilayer-Technik von der Nullserie bis zur Großserie.

Weitere Features:

Multi-Chip

Hybrid
SMD-Technik
NC-Steuerungen
CAD-Layout

Gerne werden wir in diesem Bereich auch für Sie tätig.

Mit freundlichen Grüßen
Industrie-Elektronik Service Partner Solingen GbR

Besser kommunizieren Sie komplexe technische Inhalte auf folgende Art:

Anschreiben informativ-empathisch

Sehr geehrter Herr Plattmann,

Sie arbeiten mit Calay und OrCad? Dann kennen Sie die damit verknüpften Probleme bei der Netzlistenübernahme wahrscheinlich nur zu gut.
Die dazu passenden Lösungen sind unsere Spezialität.
Ebenso bieten wir Leiterplatten-Entflechtung mit Multilayer-Technik von der Nullserie bis zur Großserie und viele weitere Lösungen – bestimmt auch für Ihren Bereich.
Wo liegt Ihr Bedarf? Bitte sprechen Sie uns an und profitieren Sie von einem kostenfreien Beratungsgespräch.

Mit freundlichen Grüßen

Industrie-Elektronik Service Partner Solingen GbR

Informationsveranstaltung

Bedenken Sie auch die Möglichkeit weiterer, flankierender Maßnahmen. Wollen Sie nur Informationen vermitteln, oder wollen Sie Ihren Kunden interessante Veranstaltungen und Events zum Thema bieten? Speziell bei neuen Technologien ist sowohl das Interesse als auch der Bedarf nach aktuellen Informationen groß. Ein Symposium, Seminar, Vortrag oder Fachkongress ist zudem eine gute Gelegenheit, miteinander ins Gespräch und in persönlichen Kontakt zu kommen. Dadurch schaffen Sie die Basis für gute Geschäftsbeziehungen. Bei weniger speziellen Themen könnte eine Ausstellung, Vorführung oder ein Tag der offenen Tür interessant sein. Auch lohnt der Blick über den Branchenzaun. Gute Ideen finden sich oft in ganz anderen Sparten, die sich teilweise recht einfach an Ihre Zwecke anpassen lassen.

Einladung zum Fachevent

CD-ROM

„HIGHSPEED"-Symposium 2000

Sehr geehrter Herr Moll,

das diesjährige Database-Symposium bietet wieder praxisorientierte Informationen zum Thema „Highspeed der postrelationalen, plattformunabhängigen Datenbanksysteme". Eine gute Gelegenheit, sich über die neuesten Entwicklungen zu informieren.

Die zentralen Themen sind:

- Einführung in das neue Database 3.2 (Highspeed-e-DBMS bei großer Skalierbarkeit),
- Präsentation innovativer Kundenprojekte,
- Database 3.2 in der Web-Entwicklung,
- ein Ausblick in die Zukunft mit Database 4 und eine
- Diskussionsrunde zur Anwendung bei unterschiedlichen Geschäftsmodellen.
- Special Event wird die Geburtstagsparty zum 10-jährigen Bestehen der Database International Corp.

Bitte beachten Sie, dass die Teilnehmerplätze begrenzt sind und diese in Reihenfolge der Anmeldung vergeben werden. Wir freuen uns auf Ihre Teilnahme!

Mit freundlichen Grüßen

Ludger Maltinen
Marketing Director Europe
Anlage: Response-Fax

Kommunikation in Augenhöhe – was heißt das?

Zwei Menschen sprechen die gleiche Sprache, verstehen einander und befinden sich auf derselben Ebene, da keine Vormachtstellung angestrebt wird. Das Verhältnis zwischen beiden ist geprägt von Achtung und Verständnis und dem Bemühen um gemeinsamen Erfolg. – Ein Ideal? Gewiss, aber ein Ideal mit hoher Relevanz für die Praxis. Die Psychologie spricht hier von symmetrischen Beziehungen, in denen beide die gleichen Rechte haben.

Bedeutung der Augenhöhe

Der Wert des partnerschaftlichen Bemühens in Augenhöhe wird deutlich, wenn wir uns die Abweichungen von diesem Ideal, so genannte komplementäre Beziehungen, betrachten: Treten Sie „von oben herab“ auf, dann beeindrucken Sie damit vielleicht ein paar ängstliche Gemüter, die Mehrheit Ihrer Adressaten wird mit einem Unternehmen keinen Kontakt wünschen, das besserwisserisch und überheblich auftritt.

Im anderen Extremfall nehmen Sie eine unterwürfige Position ein und dienen Ihre Angebote mit servilem Eifer an. Wie geht es Ihnen selbst: Trauen Sie jemandem wirkliche Kompetenz zu, der nicht entsprechend selbstbewusst auftritt? Fühlen Sie sich angesprochen durch übertriebene Unterwürfigkeit?

Kurzfristig lassen sich wohl auch mit einer über- oder unterlegenen Position Geschäfte machen, langfristig jedoch ist es für beide Seiten befriedigender und damit auch die Beziehung stabiler, wenn beide Parteien das Gefühl haben, ein kompetentes Gegenüber in Augenhöhe vor sich und einen starken Partner neben sich zu wissen. So ist die Position der Augenhöhe ein sehr wichtiger Aspekt bei der Kommunikation. Der schöne Nebeneffekt: es macht einfach mehr Spaß, sich mit Menschen auf gleicher Ebene zu bewegen. Und es gibt keinen Grund, warum wir das nur in der Freizeit tun sollten.

Die Augenhöhe geht verloren bei Überheblichkeit, Egozentrik, Irreführung und Besserwisserei ebenso wie beim Anbiedern, Selbstverleugnung oder Übertreibungen. Achten Sie daher sorgfältig darauf, Ihren Lesern auch zwischen den Zeilen keinen Anlass zu Misstrauen oder Zweifel zu geben. Kommunizieren Sie klar und unmissverständlich und stets im partnerschaftlichen Sinn.

Abschied vom „König Kunde"

In diesem Zusammenhang können Sie sich auch vom überholten Bild des „König Kunde" verabschieden. Degradieren Sie Ihre wertvollen und kompetenten Mitarbeiter nicht zu Dienern des Königs, sondern erheben Sie sie zu dessen engagierten Beratern. Augenhöhe bedeutet auch, dass der Kunde ebenso wie Sie und Ihre Mitarbeiter Spielregeln zu beachten hat. Wer unverschämte Forderungen stellt und nicht zahlt, muss sich seine „Mitspieler" woanders suchen. Bleiben Sie unbedingt Ihrem Anspruch und Ihrem Niveau treu, sonst leidet Ihr Ansehen unter der „schlechten Gesellschaft". Auch wenn Sie jetzt widersprechen, dass man sich das heute nicht mehr raussuchen kann – im Endeffekt tun Sie sich einen Gefallen, wenn Sie das Prinzip Augenhöhe beachten.

Experten-Tipp

Gleich und gleich gesellt sich gern

Fokussieren Sie auf „Ihresgleichen" – wer Sie nicht mag, wird ohnehin nicht Ihr Kunde. Konservative bleiben gerne unter sich, wie auch Abenteurer die Gesellschaft Gleichgesinnter suchen. Achten Sie nur mal darauf, wie homogen die Besucherstruktur in gastronomischen Betrieben ist. Jung und alt, arm und reich, Familien, Singles, Senioren, Busausflügler, Mittagsgäste, Handwerker, Akademiker, Kaufleute. Daher gibt es Restaurants aller Coleur, Vereinsheime, Stammbeizen, Landgasthöfe, In-Lokale, Tanzschuppen, Imbissbuden, Vegetarierbistros, Teestuben, Drive-Ins, Kulturcafes, Pilskneipen, Gourmettreffs, Weinstuben, Nichtraucherpizzerien, Diskotheken. Sie werden sich vermutlich auch nicht überall wohl fühlen.

Ein Stichwort, das in letzter Zeit öfter bemüht wird, ist *Kundenloyalität.* Schön und gut, wenn Ihre Kunden immer wieder bei Ihnen kaufen, aber erwarten Sie nicht zu viel: Sie essen schließlich auch nicht immer in demselben Restaurant. Also versuchen Sie Ihren Kunden nicht am „Fremdgehen" zu hindern, sondern bemühen Sie sich vielmehr, dass er immer wieder gerne zu Ihnen kommt.

Mit hilfreichen Fragen zum Erfolg

Um Ihrem Mailing zum Erfolg zu verhelfen, ist es sinnvoll sich vorab über die Empfängerseite ein paar differenzierte Gedanken zu machen. Beantworten Sie für Ihren speziellen Fall folgende Fragen:

1. Wer wird das Mailing empfangen, weiterleiten, öffnen, lesen, beurteilen?

Ankommen ist nicht erreichen

Bei einem großen Unternehmen, so wird die Post zentral verteilt beziehungsweise nach bestimmten Kriterien vorsortiert. Wird Ihr Mailing bereits auf den ersten Blick als Werbebrief erkannt, ist die Wahrscheinlichkeit hoch, dass es sofort aussortiert wird. Ein klares Argument für eine zurückhaltende Umschlaggestaltung.

Richten Sie Ihr Schreiben ohne Ansprechpartner an die Abteilung „Einkauf" oder „Vertrieb", dann läuft es Gefahr, von jemandem geöffnet zu werden, der nicht der Entscheider und Kompetenzträger für Ihr Anliegen ist. Dieser wird es häufig auch nicht an die entsprechend richtige Position weiterleiten, sei es aus Unkenntnis, aus Bequemlichkeit oder weil das Anliegen nicht wichtig erscheint.

Wenn Sie den richtigen Ansprechpartner kennen und ihn korrekt ansprechen, haben Sie weit größere Aussicht auf Erfolg, dass Ihr Mailing zu einem Abschluss führt.

2. Welche Interessen hat der Entscheider?

Je nach Unternehmen, Position und Auslastung hat der Empfänger eine oder mehrere der folgenden Interessen:

- Er möchte seine Arbeit bewältigen.
- Er möchte dabei nicht gestört werden.
- Er möchte wissen, welche Botschaften ihn mit der Post erreichen.
- Er möchte seine Arbeit sortieren nach „Wichtig", „Weniger wichtig" und „Unwichtig".
- Er möchte möglichst wenig auf seinem Schreibtisch behalten, also nur die Kategorien Wichtig und Dringend.
- Er will von Vorteilen erfahren, die dem Unternehmen nützlich sind.
- Noch mehr interessieren ihn Vorteile, die ihm selbst nützlich sind.

- Er will wissen, was ihn dieser Mehrwert kostet.
- Er will bei Interesse schnell antworten können.

Holen Sie den Empfänger ab

Gehen Sie nicht davon aus, dass er jede Abwechslung begrüßt. Langeweile ist im Alltag von Entscheidern nicht zu erwarten. Was können Sie also in dieser Situation tun, um das Interesse des Empfängers zu wecken? Wo und wie können Sie ihn *abholen*? Dazu versetzen Sie sich in die Situation des Empfängers. Welche Probleme und Bedürfnisse hat Ihr (potenzieller) Kunde?

3. Welche Probleme beschäftigen ihn bezüglich des Werbebriefes?

Bedenken und Zweifel

- Er will bei Ihrem Angebot nicht auf einen Betrug hereinfallen.
- Er will sich der Richtigkeit seiner Entscheidungen sicher sein.
- Die Entscheidung muss in seinen Kompetenzbereich fallen.
- Es darf keinen Zweifel an der zugesicherten Qualität geben.
- Das Preis-Leistungs-Verhältnis muss klar erkennbar sein.
- Er wünscht sich einen Mehrwert, einen Zusatznutzen.

To Do

Prüfen Sie:

Welche Elemente enthält Ihr Anschreiben, um diesen Bedürfnissen seitens des Empfängers zu begegnen? Geben Sie dem Empfänger Sicherheit, einen Preisvorteil und einen Zusatznutzen. Achten Sie darauf, dass Sie den richtigen Entscheider ansprechen.

4. Wie definiert sich die Branche?

Selbstverständnis beachten

Während das Handwerk sich traditionell durch Fleiß und Fachkompetenz definiert und als bodenständig gilt, lässt sich der Geldanlagebereich eher durch Informiertheit und Cleverness beschreiben. Juristen werden auf Korrektheit und Systematik achten, im Wissenschaftssektor sind die Schlüsselbegriffe Qualifikation und Reputation.

Ingenieure werden nach Funktionsweisen und Struktur fragen, während Modehäuser auf Trends und gesellschaftliche Veränderungen achten. Je nachdem also, wen Sie anschreiben, achten Sie auf das berufliche Selbstverständnis Ihrer Zielgruppe. Je besser Sie dieses aufgreifen, desto näher sind sie am Kunden!

To Do

Bauen Sie das Selbstverständnis Ihrer Zielgruppe ein

Beschreiben Sie die spezielle Sichtweise Ihrer präferierten Zielgruppe. Was zählt? Was ist ihr wichtig? Welche Sprache kommt an? Welches sind die zentralen Themen?

5. Welchen Sprachstil pflegt Ihre Zielgruppe?

Sprache Ihrer Kunden

Jede Berufsgruppe hat ihre eigene Fachsprache. Die Sprachebene orientiert sich stark an Bildung und gesellschaftlichem Rang. Außerdem gibt es Unterschiede im Sprachgebrauch der Generationen wie auch der Geschlechter. Senioren mögen in der Regel keinen Teenager-Jargon, Viele Frauen bevorzugen einen weicheren, einfühlsameren Sprachstil, während Männer oft einen etwas grobschlächtigeren präferieren. Je genauer Sie Ihre Zielgruppe hinsichtlich Alter, Geschlecht, Beruf, Bildung und Selbsteinschätzung kennen, desto exakter können Sie die Ansprache formulieren.

Experten-Tipp

Überzeugen Sie durch indirekte Informationen

Der zurückhaltende, aber gezielte Einsatz von Fachbegriffen signalisiert dem Leser, dass er es hier mit einem Insider zu tun hat. Das ist eleganter als eine lange Aufzählung der eigenen Qualifikationen.

6. Welche Wahrnehmung hat der Entscheider?

Anschleichen oder überfallen?

Angenommen, Ihr Mailing ist tatsächlich beim Entscheider angekommen. Die erste Frage, die er sich stellen wird, ist: „Möchte ich wissen, was im Brief angeboten wird oder möchte ich mir die Zeit sparen?"
Wenn Ihr Mailing auf Anhieb als Werbebrief identifiziert wird, dann sollte er schon auf dem Umschlag für seine Inhalte werben. Machen Sie ein unwiderstehliches Versprechen, das den Leser neugierig macht. Denn je verheißungsvoller der Inhalt, desto eher wird Ihr Mailing gelesen.

Oder Sie möchten Ihren Werbebrief nicht als solchen erkennbar machen, dann gestalten Sie ihn ganz dezent. Vielleicht verwenden Sie Umschläge aus hochwertigem Papier – ohne Fenster und drucken die Adresse auf, oder tragen sie handschriftlich auf! Sie können auch Ihren Namen als Absender oben links mit Titel und Position in dezenter Schrift aufdrucken. Je persönlicher die Anmutung des Kuverts, desto wichtiger erscheint dem Empfänger der Inhalt.

7. Wie kann der Interessent überzeugt werden?

Führen Sie ein Verkaufsgespräch

Vergegenwärtigen Sie sich zunächst, dass der Empfänger Ihres Mailings von sich aus ganz konkrete Anforderungen an Ihr Produkt stellt. Darauf müssen Sie wie in einem Verkaufsgespräch Antworten und Lösungen parat haben. Teilen Sie dem Interessenten mit, was Ihr Produkt alles besonders gut kann, welche Vorteile es dem Kunden verschafft und weshalb der Preis attraktiv ist.

Setzen Sie am Ende Ihres Briefes noch ein überzeugendes Extra-Bonbon drauf und belohnen Sie seine schnelle Reaktion mit einem zusätzlichen Bonus. Wenn ihn das alles nicht überzeugt, dann geben Sie ihm die Möglichkeit, Ihnen seine eigenen Vorstellungen und Wünsche auf dem Antwortbogen mitzuteilen. Präsentieren Sie sich als der Spezialist für individuelle Lösungen.

Praxis-Beispiel

Beispiel für offene Formulierungen im Response-Element

- Ich interessiere mich für andere Produkte: ...
- Ja, senden Sie mir weitere Informationen zu Modell ...
- Meine persönlichen Wünsche beziehungsweise Anregungen: ...

8. Was soll der Werbebrief kommunizieren?

Selbstbeschränkung und Kommunikation

Die Verlockung ist groß: wenn der Empfänger den Brief schon einmal in Händen hält, soll er doch möglichst umfassend informiert werden. Das betrifft einerseits die zahlreichen guten Argumente und Vorzüge des Produkts. Beschränken Sie sich hier unbedingt auf die wichtigsten – und das heißt diejenigen, die dem Kunden den größten Vorteil versprechen. Dass Ihrem

Produkt auch eine Betriebsanleitung in Isländisch beiliegt, gehört nicht in den Werbebrief.

Die andere Verlockung ist die, dem beworbenen Produkt gleich noch das übrige Sortiment an die Seite zu stellen. Der Gedanke dabei: wenn das Produkt nicht gefällt, dann vielleicht dieses oder jenes! Im Endeffekt wird der Kunde mit Informationen überhäuft, und er empfindet es als mühsam, das Angebot erst einmal zu sortieren. Zudem fällt es bei zu vielen Optionen schwer, dem Kunden klare Handlungsanweisung anzubieten, nach dem Motto: Sie brauchen nur hier ausfüllen und schon erhalten Sie ...

Fokussieren Sie daher in Ihren Werbebriefen möglichst auf ein Produkt, arbeiten Sie die Kernaussagen heraus und stützen Sie diese mit guten Argumenten. So erhält Ihr (potenzieller) Kunde ein leicht verständliches Angebot, auf das es ihm leicht fallen sollte zu reagieren. Wenn Sie Optionen anbieten, beschränken Sie sich auf eine überschaubare Anzahl, am besten auf drei Optionen.

Kleinigkeiten am Rande

Übrigens: Wenn Ihr Empfänger nach der Lektüre des Mailings in der Fußzeile liest, wo Ihr Gerichtsstand ist, wie die Bankverbindung lautet und wo Sie im Handelsregister eingetragen sind, so erhält das Schreiben einen eher offiziellen, amtlichen Touch. Je nach Branche und Produkt kann das sogar gewünscht sein. Bedenken Sie jedoch, dass es in den meisten Fällen wenig zur Aufnahme einer neuen Geschäftsbeziehung animiert, wenn man schon vorweg mitgeteilt bekommt, wo man sich später vor Gericht treffen wird.

Zum Abschluss des Themas noch ein schönes fiktives Beispiel, wie ein Dienstleistungsunternehmen zwar mit guter Absicht, aber doch an seinen Kunden vorbei kommuniziert. Ein Verzicht auf das Mailing wäre in diesem Fall bestimmt die bessere Wahl gewesen.

Praxis-Beispiel

Negativ-Beispiel Der Versuch einer „persönlichen Ansprache"

Firma Mustermann

Herr Martin Muster

Musterstr. 13

12345 Musterhausen

Ihr persönlicher Kundenbetreuer

Sehr geehrte Damen und Herren,

Ihre Zufriedenheit ist unser höchstes Ziel!

In Umfragen und bei persönlichen Gesprächen haben Sie mehrmals geäußert, dass die persönliche Kundenbetreuung und der reibungslose Ablauf, besonders auch im Falle von Urlaubsvertretungen, Ihnen sehr am Herzen liegt, was wir selbstverständlich gerne möglich machen wollen.

Heute informieren wir Sie, damit Sie immer klar wissen, an wen Sie sich wenden können. Ihr persönlicher Ansprechpartner ist:

Markus Motzentau 01234 – 44 55 66 oder

Martina Maienkäfer 01234 – 44 56 67.

In Vertretung, bei Krankheit oder Urlaub sind das:

Monica Morgenwetter 01234 – 44 57 77 und

Max Mittelsberger 01234 – 44 58 77.

Natürlich sind wir persönlich auch weiterhin per E-Mail erreichbar: info@mustermann.de oder per Fax 01234 – 44 55 99.

Sollten Sie noch Fragen haben, wenden Sie sich bitte an die Teamleiter:

Frau Madalenicka Mrfatu 01234 – 44 58 76 oder

Herr Marco Münsterländer-Minz 01234 – 44 57 87.

Mit freundlichen Grüßen

Ihre persönliche Kundenbetreuung

Und – fühlen Sie sich nach der Lektüre „persönlich kundenbetreut"?

Analyse des Negativ-Beispiels

Das Thema des Briefes ist der persönliche Bezug, doch gleich in der Anrede heißt es: „ Sehr geehrte Damen und Herren, ...", obwohl Herr Martin Muster namentlich im Adressfeld steht.
„Ihre Zufriedenheit ist unser allerhöchstes Ziel!" – Wie wirkt das auf Sie? Überzeugend? Nichtssagend? Beliebig? Nett? Allgemein?
Durch den Zeilenumbruch klebt der folgende Bandwurmsatz förmlich unter dieser Offenbarung. (Eine Leerzeile würde dem „allerhöchsten Credo" noch mehr Raum geben, sich in seiner vollen Pracht zu entfalten.)
Wer hat da was – mehrmals – geäußert? Andere (die Mehrheit?) der Kunden bei einer Befragung? Ich? Hat man mich denn gefragt?
„Gerne möglich machen wollen" sagt nicht, dass etwas passieren wird. Lediglich die Absicht, etwas machen zu wollen, wird hier vermittelt. Reicht das? Zählen nicht die Fakten?
Der folgende Satz „Heute informieren wir Sie..." ist überflüssig. Probieren Sie es ohne diesen Satz: der Brief gewinnt.

Experten-Tipp

Vermeiden Sie Überflüssiges

Kündigen Sie nicht an, was Sie gleich sagen werden. Tun Sie es einfach!

Nach der Anrede wird nun das zweite Mal gegen die Kohärenz verstoßen: zwei Ansprechpartner sind gut gemeint, aber einer wäre klarer, eindeutiger und leichter zu merken.
Doch damit nicht genug: zwei weitere werden für Vertretungsfälle genannt. Und schließlich grüßen zwei ganz andere – von der Teamleitung. Wäre es nicht wünschenswert, dass mir „mein persönlicher Kundenbetreuer" auch selbst schreibt?
Der Gruß setzt der Unpersönlichkeit des Anschreibens noch die Krone auf: dort verabschiedet sich „mit freundlichen Grüßen" „Ihr persönlicher Kundenbetreuer" – ja welcher denn nun? – ohne Unterschrift!

Wie kommen Sie zu guten Adressen?

Investieren Sie in eine gute Software

Ideal ist, wenn Sie Ihre Kundendaten bereits in elektronischer Form gespeichert und gepflegt haben. Ansonsten sollten Sie sich die Mühe machen, eine aktuelle Datenbank mit allen Ansprechpartnern anzulegen. Neben den Adress- und Kontaktdaten sind dabei insbesondere die seitherigen Kaufgewohnheiten interessant. Vergessen Sie auch nicht die Daten von Interessenten aus Korrespondenzen und Anrufen mit aufzunehmen. Damit haben Sie die ideale Ausgangsbasis für eine erfolgreiche Mailingaktion.

Adressquellen

Möglicherweise wollen Sie aber den Kreis der bestehenden Kunden erweitern und Neukunden dazu gewinnen. Für gewerbliche Adressen stehen Ihnen mehrere Quellen zur Verfügung. Mögliche Quellen für Unternehmensadressen sind:

- Verbände, Genossenschaften, IHK, Innungen, Handwerkskammern
- Branchenbücher, Branchen-CD-ROMs
- Fachzeitschriften, Stellenanzeigen
- Bezugsquellenverzeichnisse
- Messekataloge, Ausstellerverzeichnisse
- Adressenanbieter

Abhängig von der angestrebten Qualität lohnt sich vielleicht die Mühe, spezielle Adressen von Hand zu erfassen. Für die Sammlung größerer Adressmengen wird dies Vorgehen zu zeitintensiv. Bei speziellen Produkten wie z. B. Webmaschinen gewinnen Sie leicht und schnell einen Überblick über mögliche Abnehmer, bei Massenprodukten wie Reißverschlüssen fällt die Ermittlung potenzieller Abnehmer deutlich schwerer.

Fremdadressen zukaufen

Adressenverlage sind zwar nicht billig, aber sie bieten Firmenadressen aufgeschlüsselt nach vielerlei Kriterien wie Branche, Postleitzahl, Größe etc. in nahezu beliebiger Menge. Wichtigstes Kriterium ist die Qualität der Kontaktdaten. Enthalten sie den (aktuellen!) Ansprechpartner mit Namen, Position, Titel und Verantwortungsbereich, so steigen damit die Erfolgschancen Ihres Mailings. Manche Anbieter sind spezialisiert auf Firmenprofile, diese enthalten Informationen zu Geschäftstätigkeit, Umsatz, Beschäftigtenzahlen, Beteiligungen, Niederlassungen und Angaben zu Geschäftsleitung und

Management. Je nach Art Ihres Angebotes ist daher vorab zu überlegen, welche Informationen nützlich für Sie sind.

Nutzungsarten

Bezüglich der Nutzungsart können Sie wählen zwischen Einfachmiete (einmalige Nutzung) der Adressen, Jahresmiete/Leasing (Mehrfachnutzung innerhalb eines festgelegten Zeitraumes), Kauf (uneingeschränkte eigene Nutzung auf dem derzeitigen Stand) und Abonnement (fortlaufende Aktualisierung der Daten). Bedenken Sie bei der Kaufoption, dass Adressdaten schnell veralten.

Listbroker

Neben den Adresseignern gibt es auch Listbroker, die etwas billiger sind, aber keine eigene Datenpflege betreiben. Sie beraten bezüglich der Adressenauswahl und vermitteln geeignete Daten der Adressenverlage oder anderer Quellen. Bezüglich der Aktualität sind sie auf die Datenpflege des jeweiligen Lieferanten angewiesen. Erkundigen Sie sich daher auf jeden Fall nach der Aktualität der angebotenen Adressdaten. Der DDV vergibt das Qualitätssiegel *Council Listbroker* zur Orientierung für nachweisliche Qualität.

Experten-Tipp

Listbroker-Suche im Internet

Unter www.listbroker-ausschreibung.com finden Sie kostenlos passende Listbroker für Ihren individuellen Bedarf.

Datenverwaltung: So bleiben Ihre Datensätze aktuell

Ansprechpartner sind wichtig

Gleich woher Sie Ihre Daten beziehen: die zentrale Frage ist die des richtigen Ansprechpartners im Unternehmen. Denn schreiben sie einfach nur an die Abteilung, z. B. Einkauf, laufen Sie Gefahr, dass sich dort niemand zuständig fühlen wird. Landet Ihr Werbebrief beim Falschen, so ist es unwahrscheinlich, dass das Schreiben intern an die richtige Entscheiderstelle weiter geleitet wird. Wer ist Ihr richtiger Ansprechpartner im Unternehmen: der Geschäftsführer, der Personalchef, der IT-Leiter, der Marketing-, Produktions- oder Projektleiter? Ein Anruf in der Zentrale bringt hierüber oft Klarheit. Oder Sie nutzen die Informationen der Adressenverlage. Ist ein (richtiger und aktueller) Ansprechpartner mit Telefonnummer angegeben, so sind die Daten ungleich wertvoller für Sie als „nackte" Firmenadressen.

Aktualität beachten

Achten Sie bei Adressenanbietern unbedingt auf die Aktualität und den Umfang der Datensätze. Im Bereich der Firmenadressen spielt besonders die heutzutage starke Fluktuation in Entscheiderpositionen eine wichtige Rolle. Hinzu kommen jährlich etwa 200.000 Adressänderungen, 500.000 Unternehmensgründungen und 400.000 Liquidationen. (Quelle: Fa. Acxiom, Bundesministerium für Wirtschaft und Arbeit, Institut für Mittelstandsforschung).

Experten-Tipp

Keine Mehrfachnutzung!

Wenn Sie gemietete Adressen nur ein Mal verwenden dürfen, sollten Sie sich unbedingt an diese Regelung halten. Die Verlage prüfen Mehrfachnutzungen mit Hilfe von Kontrolladressen.

Abonnements für regelmäßige Nutzung

Alternativ zum einmaligen Mieten von Adressen werden Abonnements angeboten. Für eine jährliche Gebühr können die Datenbanken unbeschränkt genutzt werden. Der Vorteil: der Adressenverlag kümmert sich um eine fortlaufende Aktualisierung der Daten. Selbstverständlich weiterhin frei nutzbar sind die durch eine Aktion geknüpften Neukontakte, die Sie daher auch umgehend in Ihre Datenbank einpflegen.

Privatadressen veralten schnell

Aber auch im Privatkundenbereich ist Aktualität der Adressen von großer Bedeutung, verlieren jährlich doch Millionen Privatadressen infolge Umzug, Heirat, Tod oder Auswanderung an Aktualität. Allein sechs bis acht Millionen Menschen ziehen jährlich um. Hinzu kommen Umbenennungen von Straßennamen und andere Änderungen in der Anschrift. Die Firma Acxiom liefert auf der Website www.umzugsauskunft.de neben der Prüfung der Adressen auf Aktualität auch die neue Anschrift und eine diskrete Bonitätsprüfung potenzieller Kunden. Zu empfehlen ist außerdem die Eliminierung der „Nixies“, der als unzustellbar erfassten Adressen.

Personalisierung: Finden Sie den richtigen Ansprechpartner

Namen verifizieren

Haben Sie keinen Namen von einem Ansprechpartner oder Sie sind sich nicht sicher, dann empfiehlt es sich, den Namen und die richtige Schreibweise des Geschäftsführers oder Abteilungsleiters durch einen kurzen Anruf in der Zentrale des Unternehmens zu verifizieren. Das müssen Sie natürlich nicht selbst tun, achten Sie aber darauf, dass Aufwand und erwarteter Nutzen in einem gesunden Verhältnis zueinander stehen. Bei größeren Auflagen wird es günstiger sein, qualifizierte Adressdatensätze zu benutzen.

Quellen für Privatadressen

Bei Privatadressen haben Sie als mögliche Quellen Telefonbücher, Telefon-CD-ROMs und Einwohnerverzeichnisse der Kommunen zur Verfügung. Telefon-CD-ROMs ermöglichen oft das Kopieren der kompletten Adresse, Einwohnerverzeichnisse bieten eine Auflistung nach Straßen sortiert – vorteilhaft, wenn Sie beispielsweise nur den Stadtteil um Ihr Geschäft herum anschreiben wollen.

Um Haushalts-Datensätze zu erhalten, die Sie nach Alter, Einkommen, Bildungsstand, Berufsgruppe, Interessen, Wohnverhältnissen, Familienstand, Region etc. sortieren und auswerten können, sind Sie ebenfalls auf Adressenverlage angewiesen.

Bitte vermeiden: Dubletten

Jeder, der mit Ihnen Kontakt aufnimmt, sollte in die Kundendatenbank aufgenommen werden. Das gilt natürlich auch für die Response-Adressen Ihrer Mailing-Aktion. So wächst Ihre Kundendatei mit der Zeit zu einem wertvollen Marketinginstrument heran.

Dabei kommt es jedoch häufig zu doppelten Adressdaten wie z. B.

- Hans Maier
- Hans-Jakob Maier
- H.-J. Maier
- H. Maier
- Maier
- Maier, Dipl.-Ing.

Doppelte Anschreiben vermeiden

Bei gleicher Adresse kann es sich bei derartigen Dopplungen um mehrere Personen handeln oder eben um eine Person (was wahrscheinlicher ist). Sowohl im privaten wie auch im geschäftlichen Kontakt ist es unerfreulich, mehrmals vom gleichen Versender angeschrieben zu werden. Dies signalisiert sofort: die Adresse stammt aus einer langen Liste, die zudem nicht auf Dubletten geprüft wurde. Also nicht nur Massenaussendung, sondern auch noch mangelnde Sorgfalt. Zusammengefasst sind folgende Nachteile von Dubletten zu nennen:

- Beim Empfänger entsteht sofort der negative Eindruck von Massenmail.
- Das Unternehmensimage leidet unter der mangelnden Sorgfalt im Umgang mit Kundendaten.
- Je nach Umfang der Aussendung entstehen Produktions- und Versandkosten von ein paar hundert bis zu mehreren tausend Euro.
- Das Ergebnis der Erfolgsmessung der Aktion wird verfälscht.

Dubletten kosten Geld

Selbst gepflegte Adressbestände weisen oft einen Dublettenanteil von 5 % auf. Das bedeutet für Ihre Mailingaktion mit 5.000 Exemplaren als Infobrief allein Portokosten von 100 Euro zuzüglich der Herstellungskosten, die Sie einsparen können. Bei der Versendung von Katalogen wird das Einsparpotenzial um ein Mehrfaches größer.

Bei Stammkundendaten liegt die Gefahr von Dubletten sogar noch deutlich höher. Durch den häufigeren Kontakt (mit unterschiedlichen Mitarbeitern) werden die Daten immer wieder in neuen Variationen erfasst:

- Spedition Mayer
- Mayer Transporte GmbH
- Spedition Ludwig Mayer GmbH
- Mayer, Ludwig Spedition

Uneinheitliche Datenerfassung

Eine Eingabe nach telefonischem Kontakt berücksichtigt zudem oft nicht die korrekte Schreibweise, was das Aufspüren von Dubletten zusätzlich erschwert: eine Ludwig Meier GmbH erscheint nicht in der Liste „Mayer“.

Daher empfiehlt sich unbedingt der Abgleich mit einer guten Software. Die korrigiert auch gleich falsch geschriebene Straßen- oder Ortsnamen, prüft und ergänzt ggf. fehlende Postleitzahlen.

Abgleich über die Anschrift

Die Adressverwaltungsprogramme bieten unterschiedliche Prüf- und Auswahlkriterien, jedoch können zwischen den oben aufgeführten Namensbeispielen viele andere „Maier“ stehen, sodass der mögliche Bezug (gleiche Adresse) zwischen Hans Maier und H.-J. Maier nicht unbedingt auffällt. Daher empfiehlt sich eine Sortierung nach Straße und Hausnummer. Dubletten unter gleicher Adresse werden entsprechend gelöscht.

Für größere Mailingaktionen: Adressenverlage

Spezialisierung beachten

Anbieter von Adressdaten haben sich teilweise spezialisiert auf bestimmte Segmente wie Firmen-, Privat- oder Branchenadressen. Die Kosten pro Adresse sind stark abhängig von der bestellten Menge und der Qualifikation, d. h. die Adresse ist umso wertvoller und teurer, wenn der für Ihr Anliegen richtige Ansprechpartner mit Abteilung und Durchwahl genannt ist. Die Preise reichen von 5 bis 140 Cent je Adresse und liegen meist zwischen 15 und 50 Cent. Die Recherche einer neuen Adresse ist mit rund 5 Euro ungleich teurer (Quelle: Fa. Axciom). Branchenüblich sind Tausenderpreise, die bei höheren Mengen teilweise stark sinken. So kosten die ersten tausend Adressen vielleicht 300 Euro, das zweite Tausend jedoch nur noch 200 Euro, das dritte 150 Euro etc. Zusatzkosten für Selektion etc. werden ab 5000 Adressen oft kostenlos angeboten, sodass bei größeren Mengen weitere Einsparungen möglich sind. Durchaus ein Anreiz, die Aktion von vornherein etwas größer anzulegen. Grundsätzlich ist zu entscheiden, ob Sie viele Firmen günstig (z. B. ohne Ansprechpartner) anschreiben wollen, oder ob es sinnvoller ist, mit hochwertigen Adressen die jeweiligen Entscheider gezielt anzusprechen. Auch der Radius Ihrer Aktion kann bedeutend sein. Neben der Selektion nach Postleitzahl-Bereichen gibt es weitere Kriterien wie Firmengröße oder Branche.

Praxis-Beispiel

Selektion im Maschinenbau

Wenn Sie Rückschlagventile herstellen, macht es wenig Sinn, den Kreis möglicher Abnehmer durch eine Selektion nach der Postleitzahl zu verkleinern, da Sie bundesweit tätig sind. Sinnvoll dagegen kann es sein, die Firmen unter 10 Beschäftigten auszusortieren und bestimmte Tätigkeitsfelder wie Fahrzeugbau, Regelungstechnik und Hydraulik bevorzugt anzuschreiben. ◂

Beratung vom Fachmann

Lassen Sie sich von einem Adressprofi beraten, um eine optimale Auswahl für Ihre Aktion zu treffen. Mit der Qualität des Adressmaterials steht und fällt Ihr Erfolg. Adressenverlage und Listbroker finden Sie in den Gelben Seiten unter der Rubrik Direktwerbung. Unter www.adressdatenbanken.de finden Sie neben aktuellen, internationalen Adressen auch Adress-CD-ROMs der Vorjahre zu sehr günstigen Preisen.

Was muss Ihr Werbebrief vermitteln?

Vertrauen ist unverzichtbar

Die Kommunikationspsychologie nennt vier Antwortmöglichkeiten des Empfängers auf Ihren Beziehungsvorschlag (Werbebotschaft):

- Zurückweisen
- Ignorieren
- Durchgehen lassen
- Annehmen

Davon ist lediglich der letzte für Sie wertvoll. Ihr angestrebter Erfolg ist eine positive Antwort des Empfängers. Ihr Empfänger wird Ihnen aber nur antworten, wenn er überzeugt ist, und zwar nicht nur von Ihrem Angebot, sondern auch von Ihnen. Er muss Ihnen vertrauen können, um mit Ihnen Geschäfte zu machen. Daher ist oberstes Gebot, Sympathie und Vertrauen zu schaffen. Das erreichen Sie, indem Sie glaubwürdig und schlüssig auftreten. Dazu gehört neben Ihrem Mailing auch ein stimmiger Webauftritt und auf das Unternehmensprofil abgestimmtes Informationsmaterial wie Broschüren oder Flyer.

Experten-Tipp

Schreiben Sie persönlich

Das Allerwichtigste für Ihren Erfolg ist Ihre Einstellung gegenüber dem Empfänger. Sie haben es hier nicht mit einem „Heer" von 10.000 Datensätzen zu tun, und auch nicht mit „Zielgruppen" oder einer „Kundenstruktur". Wenn Sie Ihren Werbebrief schreiben, so schreiben Sie ihn persönlich. Dabei hilft es, wenn Sie sich vorstellen, Sie vermitteln Ihre Informationen einem ganz konkreten Kunden in einem persönlichen Verkaufsgespräch. Versetzen Sie sich in die Lage des Empfängers und bieten Sie Lösungen an.

Lösungen anbieten

Hier ein Beispiel für eine sehr persönliche, lösungsorientierte Ansprache, bei der man sieht, dass der Absender hinter seinem Angebot steht und die Situation des Empfängers versteht:

CD-ROM

Lösungsorientiertes Anschreiben

Eine Sorge weniger…

Sehr geehrter Herr Dr. Stahlgießer,

was machen Sie bei personellen Engpässen im Management? Es ist verzwickt: Einerseits müsste die Position dringend besetzt werden, andererseits lohnt es nicht, „für die kurze Zeit" jemanden fest einzustellen. Und dann dauert die Phase doch länger als erwartet, die Arbeit bleibt liegen, die Qualität leidet, die Produktion gerät in Verzug.
Mein Angebot: ein produktionserfahrener, zertifizierter Qualitätsmanager, der auf so gut wie allen Positionen schnell voll einsatzbereit ist. Sei es in der Produktion, in der Beschaffung, im Reklamations- oder Lieferantenmanagement.

Absolut zuverlässig, diskret und loyal.

Für genau so lange, wie Ihr Bedarf andauert. Ohne Kündigung und Abfindung. Fair und flexibel, unbürokratisch, effektiv.
Und wenn Ihr Bedarf umfangreicher ist, so vermittle ich Ihnen gerne qualifizierte Kollegen und kooperierte Partner.

Ich hoffe, Sie haben nun eine Sorge weniger.

Mit freundlichen Grüßen

Dr.-Ing. Gernot Frankenhorst
Interimsmanager

Die vier Ebenen der Kommunikation

Sachebene, Selbstoffenbarung, Beziehung, Appell

Beim Verfassen von Werbebriefen ist es hilfreich zu wissen, dass wir bei allen Mitteilungen auf vier Ebenen zugleich kommunizieren. Zum einen senden wir (ganz bewusst) Sachinhalte, zum zweiten geben wir (auch zwischen den Zeilen) Informationen über uns selbst preis, zum dritten offenbaren wir (meist unbewusst) unsere Einstellung zum Empfänger und zum vierten senden wir (offen oder versteckt) einen Appell an den Empfänger. Dabei ist sowohl interessant, was kommuniziert wird wie auch, was ausgeklammert wird.

Negativ-Beispiel: Einladung zur Probefahrt

Sehr geehrter Herr BLUMIG,

der neue Stratos Matador XXL mit souveränen 180 PS und der einzigartigen Selbstüberholungsautomatik steht für Sie völlig unverbindlich bis zum 24.11. zur Probefahrt bereit. Bitte vereinbaren Sie mit unserem Herrn Finkenbein unter Tel. 01234-889900 einen Termin und überzeugen Sie sich von den überragenden Eigenschaften dieses meisterhaften Automobils.

Hochachtungsvoll

Gerd G. Grassmüller

Sales Strategy Manager

PS: Wir bieten Höchstpreise für Ihren Gebrauchten!

Analyse der vier Kanäle

Und, was sagt Ihnen dieser Brief? Sind Sie überzeugt? – Betrachten wir dazu alle vier Kanäle: sachlich ist klar, dass Sie zu einer Probefahrt eingeladen werden. Das Fahrzeug ist wohl recht attraktiv, die Einladung terminlich begrenzt und an eine telefonische Voranmeldung geknüpft. Außerdem wird Ihnen signalisiert, dass hier hohe Gebrauchtwagenpreise geboten werden. Nicht informiert werden Sie über wichtige Aspekte wie den Preis, Verbrauch oder Ausstattungsvarianten des beworbenen Fahrzeugs.

Was gibt der Absender über sich selbst preis? Name, Funktion (Vertriebsstratege!) und eine sehr (übertrieben) formelle Höflichkeit („Hochachtungsvoll“).

Schon mehr vermittelt er darüber, wie er zum Empfänger steht: den Namen des Empfängers in Großbuchstaben einzudrucken zeigt, dass vermutlich aus einer (großen) Adressenliste Serienbriefe erstellt wurden. Weiterhin: „Völlig unverbindlich“ steht im Widerspruch zum PS, das die Verkaufsbestrebungen offenbart. Die „Unverbindlichkeit“ wirkt dadurch scheinheilig. Es geht auf der Beziehungsebene nicht um Herrn Blumigs Interessen, sondern eindeutig um das Verkaufsbestreben des Autohauses. Das ist zwar legitim, aber wie Sie sehen keinesfalls verkaufswirksam. Die „einzigartige Selbstüberholungsautomatik" soll beeindrucken, in der Hoffnung, dass sich Herr Blumig nicht die Frage stellt, ob er so einen Schnickschnack überhaupt braucht und haben will.

Der Appell ist klar: kommen, beeindruckt werden, unterzeichnen und den alten Wagen gleich da lassen. Und, haben Sie nun Lust auf eine Probefahrt?

Alle Kanäle prüfen

Wichtig: Sie haben kaum Einfluss, mit welchem „Ohr" der Leser Ihre Botschaft empfangen wird. Persönliche Prägung, schlechte Erfahrungen, momentane Verstimmtheit – schon werden Sie selbst mit einem freundlichen Ton auf Ablehnung stoßen, sobald der Leser auch nur die kleinste Unstimmigkeit entdeckt. Daher ist es sinnvoll, die Wirkung Ihres Werbebriefes auf allen vier Sendekanälen zu prüfen und ggf. unerwünschte Botschaften zu korrigieren.

Glaubwürdigkeit: Damit überzeugen Sie

Schlüssiges Auftreten

Menschen haben ein feines Gespür dafür, ob sie einer Botschaft Glauben schenken dürfen. Gute Mailings entstehen von innen heraus – aus Ihrer Unternehmensphilosophie: vermitteln Sie das, was Ihr Unternehmen ausmacht, mit Bezug zu den Kundeninteressen und versehen mit einem attraktiven Angebot. Ein ansprechendes Layout unterstützt die inhaltliche Botschaft mit einer sympathischen Optik. Prüfen Sie diesbezüglich unbedingt alle Mailingbestandteile vor der Produktion.

Experten-Tipp

Keine Selbstdarstellung!

Wenn Sie aus Ihrer Unternehmensphilosophie heraus kommunizieren, bedeutet das nicht, dass Sie Ihre sorgfältig ausgearbeitete Philosophie erzählen. Vermitteln Sie diese vielmehr indirekt, machen Sie Ihre Einstellung für den Empfänger „spürbar". Eine direkte Erfahrung ist der reinen Theorie stets überlegen.

Kein Vertrauensvorschuss

Selbst große Unternehmen, die früher als Garanten für Zuverlässigkeit und Konstanz galten, sind in der heutigen Vertrauenskrise mehr oder weniger zu Recht in Misskredit geraten. Es nützt also nichts, allein mit einem großen Namen punkten zu wollen – der Kunde ist durch Skandale verunsichert, und glaubt im Zweifelsfall lieber niemandem. Zudem erschwert die Unüberschaubarkeit von Konzernstrukturen den persönlichen Bezug und damit das Vertrauen. Zahlreiche Fusionen und häufig wechselnde Ansprechpartner haben diese Tendenz noch verstärkt.

Praxis vor Theorie

Glaubwürdigkeit lässt sich nur herstellen und auch aufrecht erhalten, wenn die Firmenphilosophie den werblichen Aussagen voll und ganz entspricht und diese Philosophie im Bewusstsein der Mitarbeiter verankert ist. Alles andere ist lediglich freundlicher Schein, der sich oftmals schon beim ersten Kontakt mit dem Unternehmen in Nichts auflöst. Es reicht nicht, überschwänglich die Kundenfreundlichkeit zu betonen – der Kunde erwartet keine Postulate, sondern Taten. Unten stehend finden Sie ein Beispiel für ein glaubwürdiges Mailing zur Kundenpflege:

Glaubwürdige Kundenpflege

CD-ROM

Ihre Hausfinanzierung

Guten Tag, liebe Familie Langenziel,

sicherlich ist Ihnen die Vorbereitungsphase für Ihre Hausfinanzierung noch in guter Erinnerung. Ich hoffe, Sie sind mit den damals getroffenen Entscheidungen immer noch glücklich. Schließlich wurde Ihre Finanzierung sorgfältig ausgewählt und individuell an Ihre persönliche Situation angepasst.

Dass Sie mit dieser wichtigen Angelegenheit das Büro Wegerich beauftragt haben, bestätigt mich in meinem Bemühen um eine gewissenhafte und transparente Beratung. Dafür möchte ich Ihnen mit diesem edlen Tropfen Dank sagen.

Tatsächlich gibt es durchaus eine Gemeinsamkeit zwischen Finanzierungsplanung und Wein – wirkliche Qualität zeigt sich bei beiden erst nach Jahren.

Sollten sich Ihre Lebensumstände gegenüber damals verändert haben, so könnte es günstig für Sie sein, Ihre Finanzplanung den neuen Gegebenheiten anzupassen. Selbstverständlich prüfe ich dies für Sie kostenlos – ein Anruf genügt.

Mit besten Grüßen

Ihr Bodo Wegerich
Finanzierungen und Vorsorgeplanung

Argumente belegen, Zweifel ausräumen

Wenn Sie in Ihrem Werbebrief Verkaufsargumente aufführen, so verzichten Sie nicht auf Belege für deren Richtigkeit. Fragen Sie sich immer, an welcher Stelle Ihnen selbst als Empfänger Zweifel kommen könnten und welche „Sicherheiten" Sie sich von einem unbekannten Anbieter wünschen würden: Erfolgsnachweise, Testergebnisse, Erfahrung, Zertifikate, Garantien, Empfehlungen, Pressestimmen, Verbandszugehörigkeit.

Kohärenz: So wirken Ihre Werbebriefe stimmig

Durchgängiges Profil

Kohärenz meint den inneren Zusammenhalt, die Durchgängigkeit des Firmenauftritts. Das betrifft das Unternehmen als Ganzes: die Mitarbeiter, die Produktqualität, den Service, die Anzeigen wie auch die Firmenkommunikation. Ein Brief, bei dem die Umschlaggestaltung mit der Wahl des Papiers, der Farbgebung, dem Layout und dem Sprachstil übereinstimmt, wirkt glaubwürdig, wenn das alles dem Unternehmensbild im Kopf des Empfängers entspricht.

Praxis-Beispiel

Alles muss aufeinander abgestimmt sein

Eine Privatbank wird einen seriös formulierten Brief wohl kaum in einem rosafarbenen Kuvert versenden. Hier ist die fehlende Kohärenz offensichtlich. Aber auch Übertreibungen oder Widersprüche wie beispielsweise der permanente Dialog aus Unternehmensperspektive, während Sie zugleich behaupten, der Kunde stehe im Mittelpunkt Ihres Interesses, lässt beim Leser das Gefühl von Unstimmigkeit entstehen. ◀

Sprache und Bilder zielgruppengerecht

Stimmen Sie den Sprachstil klar auf Ihre Zielgruppe ab und halten Sie diesen Stil konsequent durch: vom Umschlag über Headline, Anrede, Fließtext, Grußformel bis hin zum Response-Element. Stimmen Sie bei Verwendung von grafischen Elementen diese auf den Sprachstil ab. Also keine bunten Bildchen zu einer seriösen Ansprache etc.

Eine reißerische Headline, gefolgt von einem steifen Fließtext und einem schrillen Antwortformular wirft für den Adressaten die Frage auf, mit wem er es hier denn eigentlich zu tun hat: eine Behörde, die sich modern gibt, ein Unternehmen der New Economy, das sich gediegen präsentiert, ein Traditionsunternehmen, das sich jugendlich gebärdet, ein Abzocker, der morgen schon mit dem Geld verschwunden sein wird?

Fakten verkaufen nicht

Denken Sie daran: Ihr Werbebrief ersetzt das Verkaufsgespräch! Untersuchungen des Kommunikationswissenschaftlers Prof. Albert Mehrabian haben ergeben, dass der Erfolg einer Produktpräsentation nur zu rund 7 % von den fachlichen Inhalten wie Produkteigenschaften, Preis oder Lieferfristen abhängt. Zu über neunzig Prozent entscheiden Auftreten und akustische Vermittlung des Repräsentanten, ob Ihr Kunde kauft. Nun muss Ihr Werbebrief also die optische Vermittlung Ihrer Firmenpersönlichkeit (Corporate Identity) leisten und die akustische Komponenten (Sprachrhythmus, Stimme, Modulation) ersetzen durch den „Klang" des geschriebenen Wortes. Achten Sie daher sehr gewissenhaft auf innere und äußere Kohärenz, sprachliche und bildliche Stimmigkeit, auf ein gesundes Verhältnis von Versprechen und Wirklichkeit.

Experten-Tipp

Ein Fehler – alles falsch

Wenn der Empfänger Ihres Mailings an irgendeinem Element – sei es Kuvert, Headline, Fließtext, Unterschrift, Beilage, PS – Widersprüche entdeckt, so überträgt er die Skepsis auch auf die anderen Bestandteile und somit auf das gesamte Anschreiben! Stellt sich irgendeine Behauptung als unwahr, unglaubhaft, übertrieben oder irreführend heraus, so ist Ihr Mailing gescheitert. Wer Ihren Aussagen nicht durchweg glaubt, wird nicht bei Ihnen bestellen. ◂

Scheitern auf den letzten Metern

Ein kritischer Punkt ist insbesondere die Bearbeitung des Rücklaufs. Der Interessent hat Ihnen geschrieben oder ruft an. Das Ziel der Aktion scheint erreicht. Doch wenn die Kundenorientierung in Ihrem Unternehmen noch nicht durchgängig etabliert ist, besteht die Gefahr, dass Sie den Kunden durch unmotivierte oder schlecht vorbereitete Mitarbeiter noch auf den letzten Metern verlieren.

Tatsächlich gehen viele Kontakte einfach deshalb wieder verloren, weil am anderen Ende niemand erreichbar oder unfreundlich ist oder die Anfrage mangels Organisation im Tagesgeschäft untergeht. Was aber ist denn das Tagesgeschäft, wenn nicht die Betreuung Ihrer Kunden! Sorgen Sie daher unbedingt (rechtzeitig) dafür, dass ein kompetenter und motivierter Stab von Mitarbeitern sich freundlich um die Anfragen kümmert und Bestellungen prompt erledigt werden. Und zwar auf allen Responsewegen: Telefon, E-Mail, Post und Fax.

Experten-Tipp

Rechtzeitig die Kommunikation kanalisieren

Können Sie nicht alle Kanäle bedienen, schränken Sie diese bereits durch eine entsprechende Gestaltung des Response-Elements ein! Achten Sie darauf, dass das beiliegende Formular sich für die Antwort per Fax als auch Brief eignet.

Wenn Sie nicht genügend qualifizierte Mitarbeiter zur Verfügung haben, können Sie für die „heiße Phase“ Fachkräfte wahlweise auch einstellen oder den Rücklauf outsourcen. Adressen hierfür sind Call-Center und Personalvermittlungsagenturen. Der Firmenauftritt, die Kommunikation und die praktische Umsetzung müssen kohärent sein, um Glaubwürdigkeit nach außen wie auch nach innen zu vermitteln.

Motivation: So überzeugen Sie Ihre Kunden

Glaubwürdigkeit, Sympathie und Vertrauen bilden die solide Grundlage für eine (neue) Geschäftsbeziehung. Daher haben Sie bei der Konzeption Ihres Werbebriefes alle Elemente sorgfältig geprüft und Ihre Mitarbeiter auf kompetente Kundenbetreuung eingeschworen. Dazu haben Sie ein attraktives Angebot formuliert, und trotzdem bleibt die Reaktion der Zielgruppe hinter Ihren Erwartungen zurück?

Nett und harmlos?

Möglicherweise hat all Ihr Bemühen beim Empfänger lediglich ein: „Ja, okay, ganz in Ordnung“ ausgelöst. Sie haben Ihre „Botschaft“ akzeptabel vermittelt, niemand stört sich daran, aber zugleich ist auch niemand begeistert. Schade, denn Ihre Responsequote könnte höher sein.

Emotionen verkaufen

Solchen Reaktionen wirken Sie entgegen, indem Sie die Kraft der Motivatoren nutzen. Zeigen Sie einen Mehrwert, wecken Sie Verlangen, dann ist der Empfänger motiviert, den von Ihnen initiierten Kontakt zu erwidern. Mit anderen Worten: wenn Ihr Anschreiben emotionslos am Empfänger vorbei geht, wird er wahrscheinlich auch nicht reagieren. Das heißt, Sie werden keinen Euro mit diesem Kunden umsetzen und können sich den ganzen Werbebrief eigentlich sparen, wenn Sie auf Motivatoren verzichten.

Wahl der richtigen Motivatoren

Die Verwendung von emotional ansprechenden Argumenten erfordert indes einiges Fingerspitzengefühl, damit der jeweilige Empfänger nicht ablehnend reagiert. Ein Werbebrief zur Gewinnung neuer Spender für eine wohltätige Organisation wird andere Argumente und Emotionen ansprechen als einer vom Modehaus mit der Vorstellung seiner neuesten Kollektion. Der Erfolg hängt in beiden Fällen von der emotionalen Beteiligung der Empfänger ab. Ziel der ganzen Aktion ist doch, dass der Empfänger unser Mailing liest und spontan überzeugt ist: das will ich haben, das will ich tun! Und damit sind auch die Elemente des Schreibens konsequent darauf auszurichten.

Nachfolgend werden die emotional stärksten Motivatoren näher erläutert.

Mehrwert: So wird Ihr Angebot unwiderstehlich

Besonderen Nutzen herausstellen

Gleich nach dem Öffnen des Kuverts möchte unser Leser wissen, was für einen Nutzen wir ihm anbieten. Er will wissen: lohnt sich das Angebot für ihn oder nicht? Vermitteln Sie daher bereits in der Schlagzeile einen Mehrwert, etwas, wovon der Leser profitiert, was für ihn erstrebenswert sein könnte. Geben Sie Ihrem Empfänger das Erfolgsgefühl, hier und jetzt etwas zu hervorragenden Konditionen erstehen zu können.

Bieten Sie dem Leser also einen plausiblen Mehrwert an wie Nachlässe, Garantien, Sonderkonditionen, Bonus, Zugabe, eine bevorzugte Behandlung. Egal, wie Sie es nennen, der Leser Ihres Mailings muss das Gefühl bekommen, dass er eine besondere Chance verpasst, wenn er nicht auf Ihr Angebot eingeht.

Experten-Tipp

Machen Sie ein unwiderstehliches Angebot

- Nur wer etwas bietet, hat etwas zu erwarten.
- Wer mehr bietet, kann mehr erwarten.
- Wer genau das bietet, was der Kunde will, erhält den Auftrag.

Angebot vor Bedarf

Ein anderer Aspekt, den es zu bedenken gilt, ist der: Wir sind es gewohnt, uns die Dinge selbst zu besorgen, die wir brauchen oder wollen. Üblicherweise entsteht also zuerst der Bedarf, der dann zur Aktion führt. Beim Mailing ist das umgekehrt; hier wird auf Verdacht eines möglichen Bedarfs ein Angebot formuliert, das einen entsprechenden Mehrwert verspricht, um den Empfänger zum Abschluss zu bringen. Versetzen Sie sich in den Empfänger: hier ist also das Angebot, Sie können es annehmen oder verwerfen. Im Zweifelsfall neigen auch Sie dazu, das Angebot abzulehnen und zwar aus folgenden Gründen:

- Selbstbestimmung: Sie möchten selbst bestimmen, wann Sie sich mit dem entsprechenden Thema befassen.
- Prioritäten: Sie haben gerade Wichtigeres zu tun, als über das Angebot des Werbebriefes nachzudenken.
- Einmischung: Sie lehnen es grundsätzlich ab, ungefragt Angebote unterbreitet zu bekommen.
- Vorsicht: Sie befürchten einen Fehler zu machen.
- Gewohnheit: Für das beworbene Produkt haben Sie bereits feste Bezugsquellen.
- Fehlender Bedarf: Das Produkt ist unattraktiv beziehungsweise wird nicht benötigt.

Wenn wir den Empfänger also dazu bewegen wollen, dass er sich ernsthaft mit unserem Angebot auseinandersetzt, dann muss er einen klaren Mehrwert erkennen können. Dies kann ein Abonnentenrabatt gegenüber der Einzelausgabe sein, eine Gratiszugabe oder eine attraktive Gewinnchance. Erst wenn der Empfänger etwas gezeigt bekommt, das er haben will, wird er reagieren. Und das sollte natürlich etwas sein, das nicht an jeder Straßenecke zu haben ist. Ein paar Beispiele hierzu:

Mehrwertargumentation

Ihr Geschäftseintrag im Bundes-Businessbuch$_{\text{online}}$

Sehr geehrte Damen und Herren,

Ihr Unternehmen ist im Bundes-Businessbuch$_{\text{online}}$ noch nicht mit einer Anzeige vertreten! Damit verschenken Sie die Vorteile einer guten Positionierung, denn:
Das Bundes-Businessbuch$_{\text{online}}$ ist *die* Business-Plattform im Internet für erstklassige Firmenkontakte. Zuverlässig und schnell, als einziger Anbieter mit **allen** toppaktuellen Telekom-Daten, bereinigt von der Masse der Privateinträge! Seriös, beständig und professionell – seit 1925 finden Unternehmen durch uns die richtigen Geschäftspartner.
Mit einer Image-Präsentation erscheinen Sie in den Suchergebnissen sofort auf allererster Ebene! Ohne Mehrkosten mit Ihrem farbigen Firmenlogo, und selbstverständlich mit Direktkontakt zu Ihrer E-Mail- und Internetadresse – für günstige 33 Euro im Monat!
Mit zwei frei wählbaren Suchbegriffen erhöhen Sie Ihre Präsenz im webweiten deutschen Businessverzeichnis ohne weitere Kosten.
Ihre Anzeige wird ohne Aufpreis im Bundes-Businessbuch$_{\text{online}}$ und in den Branchen-Empfehlungen vor allen Grundeinträgen gelistet!
Hier werden Sie gesucht und auch gefunden: nach Ort, Branche oder Produkt – mit der intelligenten Suchfunktion, die auch verwandte Begriffe und ähnliche Schreibweisen identifiziert!
Besuchen Sie das vollständige, deutsche Businessverzeichnis unter www.bundes-businessbuch.de.

Mit freundlichen Grüßen

Frauke Weisweil
Kundenbetreuung

Gewinner gesucht: Gewinnen Sie einen Goldbarren im Wert von 1000 Euro. Einsendeschluss ist der 11.11.2111. Faxen Sie das umseitige Formular einfach an die Nummer 01234-707070 und Sie nehmen teil an der Verlosung von diesem und 100 weiteren attraktiven Preisen.
Die Teilnahme am Gewinnspiel ist unabhängig von einer Auftragserteilung und hat keinen Einfluss auf Ihre Gewinnchancen.

Befristetes Angebot

SONDERAKTION!AKTIONSPREIS!SONDERAKTION!

Sehr geehrte Frau Rot,

wir freuen uns, Ihnen den absoluten Präsentationsknüller nun zum sagenhaften Aktionspreis von nur 789,00 Euro anbieten zu können. Und das sind die Vorteile unseres faltbaren Präsentationssystems:

- Es passt in jeden Kofferraum,
- ist leicht und gleichzeitig sehr stabil,
- das Display lässt sich individuell gestalten,
- das Bild ist völlig faltenfrei, ohne Nahtstellen und ohne Spalten,
- hervorragende Kombination mit anderen Präsentationssystemen,
- höchste optische Qualität durch eloxierte Oberfläche,
- extreme Langlebigkeit durch hohe Verarbeitungsqualität,
- variable Größe durch Modul-System,
- äußerst niedriger Preis,
- große Publikumswirkung,
- beste Reputation für Ihr Produkt.

Jedoch: das Angebot gilt in dieser Form nur noch bis zum 31. August 2022. Deshalb am besten gleich den Antwortbogen ausgefüllt an uns zurückschicken oder faxen!

Mit freundlichen Grüßen

Hans-Joachim Fernau
Display GmbH

Mein Tipp: Antworten Sie noch im Juli, so erhalten Sie gratis einen eleganten Pocket-Terminplaner.

Praxis-Beispiel

Weitere Beispiele für Mehrwertargumentationen:

- Wer bis zum Ende des Monats bestellt, erhält einen Rabatt von 10 %.
- Befristetes Probierangebot bis 11.11.: 12 Flaschen zum Preis von 10!
- Die ersten 111 Einsender erhalten ein formschönes Glas-Set gratis!

Abschließend können Sie – angesichts der überwältigenden Argumente für Ihr Angebot und des unleugbaren Mehrwertes – durchaus auch unterstellen, dass der Kunde bestellen wird. Entsprechend fragen Sie nicht *ob*, sondern *wie* er bestellen möchte.

Praxis-Beispiel

Bestellalternativen gezielt vorgeben

- Wählen Sie hier zwischen dem Basis-Set und dem Profi-Set.
- Die Farbe Ihres neuen Reisebegleiters wählen Sie hier...
- Damit Sie den Turbostar sicher noch vor Weihnachten erhalten, schicken Sie die Bestellung gleich per Fax an uns zurück.
- Wann möchten Sie das Abonnement beziehen? – Bitte kreuzen Sie hier an: Mo / Mi / Fr

Geldwerter Vorteil

Häufigste Form von Mehrwertargumenten zielen auf den geldwerten Vorteil – einer der stärksten Motivatoren für den Empfänger: Ersparnis, Rabatt, Inklusivleistung, Bonus, Gewinn, Preisvorteil, Zusatzchance, Extra, Gratifikation oder Geschenk – entscheidend ist, dass für den Interessenten bei der ganzen Sache etwas hängen bleibt.

Geldwerter Vorteil für Softwarekäufer

Jetzt haben Sie die Software.
Und wollen noch mehr? Wissen?
Also schön – wir machen eine

ZUGABE
100 EURO

Dies ist ein Gutschein. Der Wert ist nicht zu übersehen.
Diesen Betrag sparen Sie. Ganz klar.
Bei einer EDV-Schulung Ihrer Wahl.

Wir sind autorisierte Schulungspartner.
Nicht nur von Novell und Microsoft. Aber auch.
Das bedeutet: Professionelle Schulung. In freundlicher Atmosphäre.
Ohne Stress. Im Schulungsteam.
Haben Sie Fragen – rufen Sie an!

Der Spareffekt, der sich durch die Nutzung oder den Erwerb des Produktes ergibt, taucht in den meisten Verkaufsargumentationen auf, denn am Preis entscheidet sich letztlich, ob ein Produkt nicht nur für gut befunden, sondern auch für „preis-wert" gehalten und gekauft wird. Bei sehr exklusiven Produkten wie hochpreisigen Luxusgütern tritt dieser Aspekt zurück, da es der wohlhabenden Klientel um den Besitz und weniger um den günstigen Erwerb geht. Hier gilt es vielmehr, die Exklusivität herauszustellen.

Headlines, die den finanziellen Vorteil betonen

- Sparen Sie sich reich!
- Jeder Euro ein Gewinn!
- Warum fürs Doppelte mehr als die Hälfte zahlen!?
- Mehr pro Cent!
- Günstiges preiswert.
- Ihr Geld könnte durchaus etwas härter arbeiten!
- Täglich 5 Euro sparen!

Preiswert statt billig

Vermeiden Sie jedoch den Eindruck von Billigkeit, also Dumpingpreise auf Kosten der Qualität. Das lässt die Kunden zögern und schließlich aus Angst vor Nachteilen durch Qualitätsmängel auf das Angebot verzichten. Heben Sie statt dessen ab auf das unschlagbare Preis-Leistungs-Verhältnis. Große Beträge wie z. B. Jahresbeiträge rechnen Sie auf kleinere Einheiten herunter. Das ist anschaulich und wird eher akzeptiert als ein hoher Gesamtbetrag, der leicht „Investitionswiderstände„ auslöst. 15 Euro pro Monat finden eher Zustimmung als 180 Euro Jahresbeitrag.

Praxis-Beispiel

Anschauliche Preise

- pro Woche und Person nur 139 Euro
- kostet Sie nur 1 Cent pro Minute
- für 1,99 Euro monatlich erhalten Sie
- zum sagenhaften Kilopreis von 99 Cent
- macht 3 Cent pro Kilometer

Preis und Emotion koppeln

Dabei ist es vorteilhaft, das Angebot nicht allein aufs Finanzielle zu fixieren: Überlegen Sie, an welche Emotionen Sie zugleich appellieren wollen. Ein finanzieller Vorteil in Verbindung mit einem emotionalen Gewinn – so wird die Versuchung doch erst richtig verlockend!

Experten-Tipp

Kaufprozesse sind emotionsgesteuert

Argumente überzeugen rational – Kaufentscheidungen aber werden überwiegend emotional getroffen.

Die Macht der Emotionen

Auch wenn die meisten Menschen es nicht wahr haben wollen: selbst im Businessbereich und bei Investitionsgüterentscheidungen spielt unser von Instinkten und Emotionen beeinflusstes Unterbewusstsein eine wesentliche Rolle. Sehr anschaulich werden diese Zusammenhänge von H.-G. Häusel in seinem Limbischen Modell dargestellt. Darin werden die menschlichen Motive und Werte auf einer emotionalen „Landkarte" zwischen den Instruktionen Stimulanz, Dominanz und Balance angesiedelt. Unternehmen und Produkte, aber auch die Bedürfnisse der Kunden lassen sich dabei bestimmten Emotionsbereichen zuordnen. Wählen Sie daher die Hauptemotion aus, die Ihre Kundschaft mit dem Produkt verbindet oder verbinden soll. Prüfen Sie weitere Emotionen auf ihre Verbindung zum Produkt und bilden Sie einen ausgewogenen Emotions-Cocktail mit Fokussierung auf der stärksten Argumentation. So sprechen Sie Ihre Kunden auf mehreren Ebenen zugleich an.

Emotionale Ansprache: Wecken Sie Wünsche bei Ihren Kunden

Fakten und Motive

Am Beispiel eines Sofas wollen wir kurz den aktuellen Kenntnisstand reflektieren: Sie wissen, dass es wenig Erfolg verspricht, dem Kunden auf rein fachlicher Ebene ein Sofa anzupreisen. Natürlich sollen Sie Fakten wie Größe, Material, Farben und Preis nicht verschweigen, aber Ihr Kunde wird auf der rein faktischen Ebene keine Kaufentscheidung treffen. Vielmehr wird er nach dem persönlichen Nutzen suchen, den Ihr Sofa ihm bietet. Das könnte die besonders haltbare Verarbeitung, die ausgefallene Optik, die leichte Reinigung durch einen abnehmbaren Bezug oder die vielseitige Verwendbarkeit etwa als Gästebett sein. So weit so gut, doch Ihr Kunde hat immer noch die Möglichkeit, sich mit dem Argument zurückzuziehen: na und, es gibt viele Funktionssofas mit waschbaren Bezügen.

Daher ist es wichtig, die wahren Wünsche des Kunden zu verstehen. Die kaufentscheidenden Motive für den Kauf eines Sofas können sein: stilvolles Zuhause, Geborgenheit, Rückzug und Erholung vom Alltag, Anerkennung als guter Gastgeber, Besitzerstolz. Sprechen Sie die Motive an, die Ihr Produkt befriedigen kann. Die Kunst dabei ist, dem Kunden die Verquickung von Bedürfnis und Produkt nicht platt zu vermitteln, sondern atmosphärisch zu verpacken.

Praxis-Beispiel

Bohrmaschinen bohren auch auf der Motivebene

Viele Anbieter beschränken sich bei technischen Artikeln auf Sachinformationen: Drehzahl, Leistungsaufnahme, Gewicht, Zubehör. Andere gehen einen Schritt weiter und beschreiben den Effekt, den das Produkt erzielt: mühelos

Lampenhaken in Betondecken anbringen. Sicherlich die bessere Verkaufsargumentation. Aber nur wenige betrachten die Motivebene des Kunden: Er möchte Unabhängigkeit erlangen, Macht spüren und mit Konkurrenten im Vergleich bestehen. Sonst könnte er sich für die zwei Mal im Jahr auch die Maschine seines Nachbarn ausleihen! Ihre Headline könnte entsprechend den Besitzerstolz thematisieren: Zehn Lampen in einer halben Stunde – nicht schlecht, Herr Specht! ◂

Welche emotionale Motivebene passt zu Ihrem beworbenen Produkt, welche Wünsche oder Ängste hat Ihr (potenzieller) Kunde? Was ist glaubhaft? Wenn Sie Staubsauger verkaufen wollen, wird es wenig Sinn machen, die Anzahl der Aufsatzdüsen und die Farbe zu preisen. Auch der Nutzen, nämlich Schmutz zu beseitigen, ist eigentlich selbstverständlich. Kommunizieren Sie dagegen den Mehrwert etwa eines siebenfachen Staubfilters (Motivebene: Gesundheit) und wie mühelos der neue Staubsauger Ihnen dabei hilft, ein schönes und gepflegtes Zuhause zu schaffen (Motivebene: Geborgenheit, Anerkennung), werden Sie sicherlich mehr Erfolg haben.

Vier Gruppen von Emotionen

Die zentrale Frage lautet also: Welche Gefühle lassen sich mit Ihrem Produkt und Ihrer Zielgruppe schlüssig verbinden? Es gilt, die Emotion herauszufinden, die Ihre Zielgruppe am stärksten motiviert. Die Charaktere, die Motivation wie auch die Produkte und ihre Einsatzzwecke unterscheiden sich von Fall zu Fall. Nachfolgend finden Sie die vier Gruppen von Emotionen, mit denen Sie Ihre Kunden je nach Zielsetzung sehr erfolgreich ansprechen.

I. Gruppe der Anteilnahme:
Mitleid, Sympathie, Gewissen, Verantwortung, Freude, Wut, Hilfsbereitschaft, Zuwendung, Moral

II. Gruppe der Sicherheit:
Angst, Schutzbedürfnis, Geborgenheit, Sorge, Risiko, Bedenken, Vertrauen, Gesundheit, Kontrolle

III. Gruppe des Egoismus:
Habgier, Neid, Stolz, Prestige, Geltungsbedürfnis, Eitelkeit, Lust, Überlegenheit, Bequemlichkeit, Macht, Profit

IV. Gruppe des Strebens:
Neugier, Mut, Begeisterung, Ungeduld, Ehrgeiz, Sehnsucht, Erfüllung, Autonomie, Abenteuer, Innovation

Positionieren von Produkten

Überlegen Sie, wie beispielsweise das Low-interest-Produkt Hautcreme emotional kommuniziert werden kann.

Entsprechend den vier emotionalen Gruppen ergeben sich vier Marketingstrategien:

- Garantiert umweltfreundlich hergestellte und verpackte Lotion auf pflanzlicher Basis. (Verantwortung)
- Mildes, pflegendes Naturprodukt zum Schutz des Säuglings. (Fürsorge)
- Exklusives, hochpreisiges Markenprodukt in edler Verpackung. (Prestige)
- Neuartige Pflegeformel mit belebenden Substanzen. (Innovation)

Profilieren oder von jedem ein bisschen?

Widerstehen Sie der Versuchung, alle emotionalen Faktoren zugleich abdecken zu wollen. Die Sportler-Bodylotion, die auch für den Säugling taugt, wird keinen Erfolg haben. Das Produkt verliert an Profil und „kann“ in den Augen der Abnehmer weder das Eine noch das Andere richtig. Fokussieren Sie daher klar auf eine Aussage und eine Strategie. Entweder hochexklusiv oder sparsam, gesund oder verführerisch. Durch entsprechende Reizwörter werden Assoziationen geweckt, die den Empfänger emotional bewegen. Je nach emotionaler Gruppe werden unterschiedliche Gefühle geweckt beziehungsweise verstärkt. Nachfolgend betrachten wir die einzelnen Gruppen an Hand von praxisbezogenen Beispielen.

Anteilnahme

Bei der ersten Gruppe fokussiert die Motivation um das Thema Anteilnahme und Hilfestellung. Eine ideale Motivation für Spendenaufrufe und Mitgliederwerbung.

Headlines, die Anteilnahme wecken

- Wir als Deutsche haben eine besondere Verantwortung …
- Tiere brauchen Ihre Hilfe …
- Helfen Sie jetzt, es ist kurz vor Zwölf!
- Ein gutes Gefühl, helfen zu können …
- Ihre Blutspende rettet Leben!

Dosieren der Betroffenheit

Aber übertreiben Sie nicht mit dem Elend. Niemand möchte sich allen Kummer dieser Welt aufladen. Der Selbsterhaltungstrieb schützt uns Menschen glücklicherweise davor, in Kummer und Leid zu versinken. Zeigen sie daher auch positive Ergebnisse. Überzeugen Sie Ihre Leser vom Sinn und Zweck einer weiteren Unterstützung Ihrer Bemühungen. Säen Sie Zuversicht und Hoffnung, sprechen Sie Ihren aufrichtigen Dank aus und kündigen Sie die automatische Zusendung der steuerabzugsfähigen Spendenbescheinigung an. Die Beilage eines kleinen, informativen Flyers kann den kurzen Mailingtext ergänzen. So kann jeder gemäß seines Bedürfnisses das Thema individuell vertiefen.

Sicherheit

Die zweite Gruppe könnte man auch unter dem Stichwort „das Geschäft mit der Angst“ zusammenfassen. Gleich ob Rentenversicherung, Alarmsysteme oder dritte Zähne, hier geht es um Sicherheit.

Headlines zum Aspekt Sicherheit

CD-ROM

- Wer garantiert Ihnen, dass Sie nicht der Nächste sein werden?
- Endlich sicher vor Einbruchdiebstahl!
- Sie wissen noch nicht, was Sie später einmal …?
- Die einzige Garantie vor …
- Sorgenfrei genießen …
- Gratis-Gutschein für eine kostenlose Beratung!
- Volle Rückgabe-Garantie ohne Angabe von Gründen!
- Stellen Sie sich vor, Ihre Kinder …
- 10 Minuten für Ihre Gesundheit!
- Kalkulierbare Risiken …
- Autoschutzbrief für ganz Europa!
- Nummer sicher auch im Urlaub!

Gehen Sie jedoch sensibel mit den Ängsten Ihrer Zielgruppe um. Malen Sie nicht übertrieben schwarz und bieten Sie befriedigende Lösungen für die angesprochenen Sorgen und Gefahren.

Vorausdenken

Beziehen Sie auch die Bedenken der Zielgruppe hinsichtlich der Phase nach dem Kauf mit in ihre Überlegungen mit ein. Was ist, wenn mal etwas kaputt geht? Wo ist ein Kundendienst? Welche Garantien erhalte ich auf das Produkt? Nutzen Sie die Überzeugungskraft eines Garantieversprechens. Damit nehmen Sie vielen Zögerlichen die Bedenken und steigern Ihren Rücklauf.

Praxis-Beispiel

Beispiele für Garantie-Zusagen

- 24-Stunden-Service-Hotline gebührenfrei!
- Ein enges Fachhändlernetz betreut Sie in allen Servicefragen.
- 3 Jahre Rundum-Garantie.
- Mit Geld-zurück-Garantie!
- Zwei Wochen völlig unverbindlich zur Probe.
- Vier Wochen Möbel-zurück-Garantie. Ohne Kosten für Sie.
- Mit Erfolgsgarantie!
- Gleich wie Sie sich entscheiden: das Präsent dürfen Sie behalten! ◂

Egoismus

Haben wollen

Die dritte Gruppe gründet auf der Erkenntnis, dass der Mensch immer das haben möchte, was er gerade nicht besitzt, weil er sich davon irgendeinen Vorteil oder Genuss verspricht. Das betrifft Produkte ebenso wie gesellschaftliche Position und persönliche Eigenschaften. Ein idealer Ansatz also für prestigeträchtige Konsumgüter, Kosmetika, Medikamente, Freizeittrends, …

Headlines, die das Geltungsbedürfnis ansprechen

CD-ROM

- Das ultimative Business-Set …
- Exklusive Mode für kleines Geld …
- Meisterwerke in unübertroffener Qualität …
- Jünger aussehen, jünger fühlen.
- Gewinne jenseits aller Erwartungen!
- Ab jetzt behalten Sie Ihre Haare für sich!
- Sie haben Besseres verdient!
- Keine falsche Bescheidenheit!
- Buchen Sie noch heute die Millionen-Chance!
- Ihre Freunde werden staunen!
- Gesundheit frei Haus!

Wichtig: die Rechtfertigung

Nun möchte sich niemand offen zu Habgier und Egoismus bekennen. Aber fast alle wollen gerne ein neueres, schöneres Auto haben, auch wenn das alte noch mindestens zehn Jahre fahren wird. Auch hier sind die Gründe weniger im Rationalen zu suchen als vielmehr im Emotionalen. Das Rationale dient dabei lediglich der Rechtfertigung eines an sich unvernünftigen Handelns. Schließlich sind die Übergänge zwischen wirtschaftlicher Notwendigkeit und übertriebenem Anspruch fließend.

Bei solchen Kaufentscheidungen ficht der Kunde oft harte innere Kämpfe aus zwischen kühler Ratio und heißem Verlangen. Befriedigen Sie also den Narzissmus Ihrer Zielgruppe und liefern Sie zugleich eine plausible Begründung für den Kauf mit, nach dem Motto: „Die Erfüllung Ihres Traums nützt auch der Umwelt!“ oder: „300 PS für Sie und 20 Airbags für die Familie – Ihre Kinder sollten Ihnen das wert sein.“ Ein gutes Gewissen ist also nicht nur bei Spendenthemen ein wichtiges Argument für den Abschluss. Gerade Artikel, die das Ego ansprechen, wollen gut gerechtfertigt werden. Oftmals gibt die das Gewissen beruhigende Argumentation erst den kaufentscheidenden Ausschlag beim inneren Für und Wider: „Winterschnäppchen und Sonderausstattung inklusive!“ contra „Eigentlich ist zur Zeit gar kein Geld übrig!“

Praxis-Beispiel

Beispiele für gewissensrelevante Aussagen

- Aus umweltfreundlichen Beständen!
- Der sicherste XY, den es je zu kaufen gab.
- Ohne Tierversuche!
- Rein pflanzliche Basis!
- Veterinär kontrollierte Auslaufhaltung.
- Ökologisch getestet.
- Ausgezeichnet mit dem blauen Umweltengel.
- Aus Liebe zur Natur.

Etwas Hochstapeln

Sie können dem Leser auch schmeicheln, indem Sie ihn einer exklusiven Bevölkerungsgruppe mit hohem Ansehen zuordnen („Sie als erfahrener Kapitalanleger...", „Als Fachmann in Sachen Computertechnik..."), der er nicht in vollem Maße zuzurechnen ist. Aber übertreiben Sie dabei nicht, niemand möchte als Kunstkenner tituliert werden, wenn er gar kein Interesse an Kunst hat. Einem Privatanleger etwas mehr Börsenerfahrung zu unterstellen, oder einem „User" technisches Computer-Know-how einzuräumen, kommt dagegen aus nachvollziehbaren Gründen meist gut an.

Eine weitere Ansprache, die auf das Ego abzielt, ist die der Erleichterung. „Schließlich haben Sie es sich verdient, endlich von ... entlastet zu werden!"

Praxis-Beispiel

Versprechen, die das Leben erleichtern

- Nie wieder morgens Eis kratzen!
- Die Lösung für Einschlafprobleme!
- Ganz einfach Zeit und Geld gespart!
- Der unentbehrliche Helfer für Haus und Garten!

Entlastung anbieten

Wer möchte nicht von lästigen Alltagsaufgaben befreit werden! Zeigen Sie, wie schön das Leben mit Ihren Produkten sein wird, aber bleiben Sie bei der Realität. Auch ein noch so leistungsstarker Staubsauger saugt nicht von alleine.

Streben

Die vierte Gruppe wird mit der Sucht nach Neuem, Unbekanntem, Besserem, Unterhaltendem angesprochen. Typische Branchen hierfür sind Medien, Touristik, Lifestyle-Produkte und Karrierethemen.

Lockende Headlines

CD-ROM

- Auf zu neuen Ufern …
- Sie werden überrascht sein, …
- Neues entdecken mit …
- Spaß pur!
- Wo gibt es die schönsten …?
- Die zehn goldenen Regeln des Erfolgs!
- Sie gehen Ihren eigenen Weg …
- Gewinnen Sie mit …
- Wie Sie Ihr Ziel in weniger als … erreichen.
- Mit System zum persönlichen Erfolg!
- Die Erfolgstipps der Profis.

Streben nach Glück

Erfolg hat gesellschaftlich einen hohen Stellenwert. Besonders die Verbindung von Erfolg, Wohlstand und Sorglosigkeit stößt bei den meisten Menschen auf reges Interesse, denn wer kann schon von sich behaupten, in allen drei Belangen wunschlos glücklich zu sein!? Der logische Zusammenhang von Erfolg, Wohlstand und Sorglosigkeit indes ist so etwas wie gesellschaftlicher Glaubenskonsens.

Achten Sie besonders auf mögliche Unterschiede in der Zielsetzung innerhalb ihrer Zielgruppe. Während der eine beruflichen Erfolg anstrebt, definiert sich der Nächste vielleicht durch sportliche Höchstleistungen. Untergliedern Sie Ihre Zielgruppe gegebenenfalls in Gruppen mit ähnlichen Zielen. Oder Sie halten Ihre Ansprache allgemeiner, so dass sich möglichst viele Leser angesprochen fühlen. Je gezielter und direkter die Ansprache, desto größer jedoch die Resonanz.

Vorsicht bei Kombinationen

Die vier emotionalen Gruppen sind dabei nicht isoliert für sich zu sehen, Kombinationen untereinander sind üblich und je nach Produkt und Zielgruppe auch sinnvoll.

Emotionsmix beim Auto

Ein gutes Beispiel für ein Produkt, welches mehrere Emotionen zugleich bedient, ist das Auto: Selbstwertsteigerung durch das Übertragen von Image und Produkteigenschaften auf die eigene Person, Überlegenheitsgefühle gegenüber anderen, Sympathie für das neue Design, Begeisterung für die innovative Technik, Stolz, sich dieses leisten zu können, Befriedigung, dies sofort haben zu können, Bequemlichkeit, dass der Kundendienst alles für einen abwickelt, Sicherheit durch das neue Schließsystem, ABS, ASS und EPS.

Fokussieren auf eine Kernkompetenz

Kommt dann noch eine lange Haltbarkeit und gute Wertstabilität hinzu, ist dies ein zugkräftiges Paket von emotionaler Ansprache und rechnerischem Nutzen. Wenn das Angebot außerdem einen günstigen Kaufpreis bietet, sofort erhältlich und unkompliziert zu finanzieren ist... Dennoch: fokussieren Sie auch hier möglichst auf nur eine Kernkompetenz.

Überlegen Sie auch, wie persönlich Sie Ihre Kunden ansprechen wollen. Schreiben Sie: „Einladung zum Probefahren!“ oder: „Persönliche Einladung zum Test des neuen GTV!“ oder: „Meine Einladung an Sie!“

Keine Täuschungsmanöver

Bei aller Emotion: Bleiben Sie glaubhaft! Versprechen Sie nur, was Sie auch halten können. Ziehen Sie nichts an den Haaren herbei; bemühte Vergleiche und konstruierte Bezüge wirken hilflos. Vermeiden Sie insbesondere Täuschungsmanöver in der Art von „**Fernseher für 10 Euro ...** haben wir zwar nicht, aber...“ – Ihre Kunden wollen nicht gefoppt, sondern ernst genommen werden.

Im folgenden Kapitel erfahren Sie mehr darüber, wie ein starkes, emotionales Konzept im Detail umgesetzt wird, denn so stark der Bezug zu Ihrer Zielgruppe auch sein mag: es gilt viele Gefahren bei der Umsetzung zu vermeiden. Emotionen sind eben eine sensible Angelegenheit und können leicht als Schuss nach hinten losgehen.

Was leisten die einzelnen Elemente?

Die Ziele, die Ihr Werbebrief verfolgt, sind Verständlichkeit und Überzeugungskraft. Der Verständlichkeit dient ein knapper, gut strukturierter Aufbau – gedanklich wie auch optisch, weiterhin eine schlichte, prägnante Sprache, die jedoch zugleich anschaulich und inspirierend sein soll. Zum Thema Überzeugung wurde bereits das Wichtigste vermittelt. Alle Elemente Ihres Werbebriefes können und sollen durch Kohärenz die Glaubwürdigkeit stärken und ihren Teil der Überzeugungsarbeit beisteuern.

Formulieren Sie so präzise wie möglich

Bevor wir auf die einzelnen Bestandteile des Werbebriefes eingehen, kommen wir gleich zur obersten Regel:

Experten-Tipp

Alles muss kurz gefasst sein!

Wörter, Sätze, Absätze, Anschreiben, Antwortkarte – fassen Sie sich kurz!

Kurze Wörter

Auch hierfür gibt es eine englische Merkformel: KISS – keep it short and simple. (Halte es kurz und einfach.) Angefangen beim einzelnen Wort: vermeiden Sie „Mehrfachwortzusammensetzungen“, also Zusammensetzungen von mehr als zwei Hauptwörtern in der Art von „Druckluftschlauchanschlussschellen“ oder „Frühjahrsmodepräsentation“. Sagen Sie lieber „Präsentation der Frühjahrsmode“. Das klingt gefälliger und ist außerdem leichter verständlich.

Schreiben Sie schlicht, klar, aktiv, positiv und anschaulich: Verwenden Sie einfache, leicht verständliche Wörter mit klarer Bedeutung. Verwenden Sie die Verben in ihrer (kurzen) aktiven Form, positive Adjektive und anschauliche Bilder.

Kurze Sätze

Ein weiteres Übel in Briefen sind Bandwurmsätze. Manchen Menschen fällt es schwer, sich für einen Gedanken pro Satz zu entscheiden. So packen sie immer mehr Gedanken in immer längere Satzkonstrukte, bei denen der Sinn meist verloren geht. Beim Leser entsteht der Eindruck von Rastlosigkeit, Kompliziertheit und Verwirrung.

Zum anderen entsteht bei endlosen Sätzen der Eindruck, vom Verfasser mit Worten festgehalten zu werden, bis man den nächsten rettenden Punkt erreicht. So wie einen manche Zeitgenossen „vollquasseln", penetrieren lange Sätze den Leser, um ihn nicht „entkommen" zu lassen. Das ist unhöflich und stößt auf entsprechend geringe Gegenliebe. Also bilden Sie kurze Sätze mit konkreten Aussagen und stellen Sie die Hauptaussage an den Satzbeginn.

Rhythmus – laut lesen

Geben Sie Ihrem Mailing Rhythmus: Durch lautes Lesen spüren Sie, wo es flüssig klingt und wo es stockt. Lassen Sie auf einen längeren Satz einen kürzeren folgen. Beschränken Sie sich möglichst auf einen Nebensatz je Hauptsatz. Machen Sie nach jeder Aussage erst einmal einen Punkt! Die Sätze sollten in der Regel etwa 6 bis 13 Wörter lang sein.

Absätze gliedern

Sinnzusammenhänge werden gewöhnlich in Absätzen gebündelt. Beginnen Sie zu jedem neuen Aspekt, Argument oder Gedankenschritt einen neuen Absatz. Dadurch gönnen Sie dem Leser ein kurzes Verschnaufen zwischen den Gedanken. Achten Sie außerdem darauf, dass Ihre Absätze nicht zu lang werden. Zu lange Absätze wirken lesehemmend, kurze Absätze bilden leicht zu konsumierende Leseportionen.

Zudem fällt der Zeilensprung zum Beginn der nächsten, weiterführenden Zeile bei kürzeren Absätzen leichter. Die Anzahl der Zeilen pro Absatz hängt ab von Schriftgröße und Zeilenabstand. In der Praxis von Werbebriefen hat sich eine Absatzlänge von drei bis sieben Zeilen bewährt. Gönnen Sie Ihren Lesern zudem eine Leerzeile zwischen den Absätzen. – Soviel Platz sollte sein!

Selbstbeschränkung auf eine Seite

Nun haben Sie Ihren Text verfasst, haben auf prägnante Wörter geachtet, Sätze abwechslungsreich mit unterschiedlicher Länge verfasst und sie haben Ihr Anschreiben in überschaubare Absätze gegliedert. Mit einer Leerzeile zum folgenden Absatz. Alles bestens, nur bekommen Sie den Text nun nicht mehr auf eine Seite?

Experten-Tipp

Bringen Sie Ihre Botschaft auf einer Seite rüber

Bedenken Sie: Werbebriefe kommen in der Regel unaufgefordert; daher nimmt der Empfänger sich erfahrungsgemäß wenig – sehr wenig – Zeit, den Inhalt auf Brauchbarkeit zu prüfen. Erwarten Sie nicht mehr als zehn bis zwanzig Sekunden Aufmerksamkeit. Er wird das Schreiben also diagonal überfliegen und an hervorstechenden Textmarken und Bildern hängen bleiben. Wenn ihm dann der Inhalt interessant erscheint, dann haben Sie den zweiten Etappensieg davon getragen (Sie erinnern sich: der erste Sieg war das Öffnen des Umschlags).

Je kürzer der Text, desto größer die Bereitschaft und desto niedriger die Hemmschwelle, den Text ganz zu lesen. Ja, es gibt positive Erfahrungen mit zwei-, vier- und sechsseitigen Mailings, aber wenn Sie möglichst viele Adressaten mit knappem Zeitkontingent erreichen wollen, dann fassen Sie sich kurz. Im Allgemeinen reduzieren mehrere Seiten Ihre Chance, dass die Botschaft den Adressaten inhaltlich voll-ständig erreicht.

Gleiches gilt für Beipackzettel. Wenn dem Empfänger schon gleich beim Öffnen des Kuverts eine ganze Lawine von Zettelchen unterschiedlicher Formate entgegenrieselt, dann müssen Sie schon an einen sehr geduldigen Zeitgenossen geraten, dass er sich die Mühe macht, das Loseblattwerk zu sortieren und zu lesen. Bereits ab zwei Blättern hat der Empfänger den Eindruck von „Viel".

Rückseite

Wenn Sie Ihre Botschaft nicht auf eine Seite bringen, dann nutzen Sie lieber die Rückseite, als ein zweites Blatt zu verwenden. Der Vorteil: bis der Empfänger am Ende der ersten Seite den Hinweis zum Umblättern erhält, hat er schon den Zugang zum Thema bekommen und weiß inzwischen, ob es ihn interessiert. Wenn ja, wird er auch nachschauen, welche weiteren Informationen ihn auf der Rückseite noch interessieren könnten.

Experten-Tipp

Überleiten auf die Rückseite

Um den Leser zum Weiterlesen auf der Rückseite zu bewegen, beenden Sie den letzten Satz der Vorderseite – möglichst an einer spannenden Stelle – erst auf der Rückseite. So ziehen Sie Ihren Leser zusammen mit dem Satz auf Seite zwei.

Hält der Empfänger dagegen nach dem Öffnen des Kuverts bereits zwei Blätter in der Hand, so schätzt er intuitiv den Zeitbedarf zum Lesen von zwei bis vier Seiten (die Rückseiten könnten hier ebenfalls bedruckt sein!) eher hoch ein. Entsprechend neigt er dazu, mangels Muße oder aus Bequemlichkeit bei mehreren Blättern häufiger auf den Inhalt zu verzichten.

Reihenfolge

Ein weiteres Problem bei mehreren Blättern kann die Reihenfolge sein. Geht diese aus irgendwelchen Gründen einmal verloren, sinkt die Bereitschaft, sich weiter mit den Inhalten zu beschäftigen rapide. Wenn Sie also vermeiden wollen, dass die Lesedauer von den Adressaten als zu lang eingeschätzt wird, dann reduzieren Sie Ihre Mitteilungen auf eine Seite, maximal auf ein Blatt. Ausnahmen hiervon sind hochpreisige Güter, bei denen der Interessent ausführliche Informationen und Bebilderung erwartet.

In medias res

Die freiwillige Selbstbeschränkung auf eine Seite hat einen weiteren großen Vorteil: Sie haben nicht den Platz, lange um den heißen Brei herum zu formulieren. Vielmehr erfordert der knappe Raum, dass Sie möglichst direkt zum Thema kommen. Auch die Argumente zur Qualität Ihres Angebotes müssen Sie auf den Punkt bringen, andernfalls ist Ihr Text bereits am Seitenende angelangt, und Sie haben keinen Platz mehr für Grußwort und PS.

Lesbarkeit erhalten

Und bitte kommen Sie nicht auf die Idee, Ihre (noch immer zu lange) Botschaft durch eine Mikroschrift auf eine Seite zu quetschen. Ein komfortables Lesegefühl stellt sich ab einer Größe von etwa 11 pt ein – je nach Zeilenlänge, Zeilenabstand und Schriftart. Das absolute Minimum liegt bei 9,5 pt, darunter sollten Sie nicht gehen.

Experten-Tipp

Zum Kürzen Ihres Textentwurfs suchen Sie:

- Wiederholungen,
- überflüssige Adjektive und Füllwörter,
- umständliche Formulierungen,
- für das Verständnis entbehrliche Aussagen,
- lange Sätze,
- Substantivierungen von Verben,
- indirekte Fragen.

Kürzungen

Streichen oder wandeln Sie diese in einen kurzen, aktiven, direkten Stil um. Wenn Sie dennoch Probleme damit haben, Ihre Inhalte auf eine Seite DIN A4 einzukochen, dann machen Sie folgende Übung:

To Do

Gnadenlos kürzen

Reduzieren Sie Ihre Aussagen auf den Kern, bis Sie nur noch stichwortartige Sätze im Telegrammstil haben. Dann erst füttern Sie Ihren Text wieder auf mit den für die menschliche Kommunikation notwendigen emotionalen Elementen, wie Ansprache, Adjektive, Adverben, etc. Ausschließlich kurze Sätze ergeben jedoch keinen Lesefluss. Im Finish versuchen Sie deshalb, kürzere und längere Sätze harmonisch abzuwechseln. Durch lautes Lesen prüfen Sie, ob der Text nun „flüssig" klingt.

Reaktionen vorgeben

Für das Response-Element geben Sie klare, eindeutige Handlungsvorschläge. Vermitteln Sie das Notwendige in wenigen Worten. Lassen Sie keine Fragen offen und verwirren Sie nicht durch zu viele Entscheidungsmöglichkeiten. Beschränken Sie die Antwortmöglichkeiten möglichst auf maximal drei Alternativen.

Experten-Tipp

Zusatzinformationen in einem Flyer

Sie können interessierten Empfängern auch durch einen beigelegten Flyer die Möglichkeit bieten, sich eingehender mit der Thematik zu befassen. Da Sie die dort enthaltenen Informationen nicht im Schreiben doppeln müssen, werden Sie durch die Kombination von Anschreiben und Flyer leichter zu einem kurzen Werbebrief kommen, als wenn Sie alle relevanten Informationen im Brieftext unterbringen wollen!

Das Wichtigste zuerst – die Headline

Neugier und Spannung

Die Headline, auch Schlagzeile genannt, ist der zentrale Punkt Ihres Mailings – der Punkt der ersten, größten und hoffentlich nicht letzten Aufmerksamkeit. Hier erwartet der Empfänger Ihre knapp gefasste Botschaft; hier will er erfahren, was ihn in dem Schreiben erwartet. Schreiben Sie aber

nicht förmlich und altmodisch „Betreff:...", Sie wollen Ihre Kunden schließlich überzeugen und nicht verwalten.
Die Headline enthält die Schlüsselbegriffe, hier entscheidet sich, ob der Leser Interesse entwickelt oder den Brief wieder weg legt. Sie muss Neugier wecken und Spannung erzeugen. Provozieren Sie zum Weiterlesen, ziehen Sie den Leser mit einem spannenden Aufhänger in den Fließtext.

Experten-Tipp

Headline soll Interesse wecken

Locken Sie den Leser, aber verraten Sie nicht alles schon in der Headline!

To Do

Headline entwerfen

Sie wollen das große Programm an Elektro-Haushaltsgeräten und die konkurrenzfähigen Preise eines Einzelhändlers kommunizieren. Was schreiben Sie in der Schlagzeile?

- Riesenangebot an Elektrogeräten zum kleinen Preis
- Preisgünstige Elektrogeräte
- Hammerpreise
- Preisliches Frühjahrserwachen
- Kühlschränke jetzt megagünstig

Bewertung der einzelnen Headlines:

1. sagt alles und ist korrekt, aber etwas schlicht
2. man möchte ergänzen: wie überall
3. knapp, aber leider fehlt der Bezug zu Werkzeug
4. sehr bildhaft, jedoch: werden die Preise nach dem Erwachen etwa ausschlagen? Und um welche Produkte geht es eigentlich?
5. super, mega, giga – außerdem zu sehr auf ein Produkt fokussiert

Mut zu Neuem

Probieren Sie ruhig einmal Neues aus. Kombinieren Sie, experimentieren Sie mit Begriffen und Bezügen. Nicht alles muss genial sein, vielmehr wird einiges sicherlich ziemlich platt klingen. Schreiben Sie trotzdem alles auf, probieren Sie, sammeln Sie und prüfen Sie die Ergebnisse erst dann. Sie können später alles wieder verwerfen, wichtig ist aber, dass Sie die Ideen überhaupt erst einmal zulassen. In unserem Beispiel könnte sich durch ein Brainstorming ergeben:

Mögliche Ergebnisse eines Brainstormings

- Elektrische Preiszünder
- Der Elektro-Schocker
- Reihenweise Funkenpreise
- Reihenweise Tiefkühlpreise
- Reihenweise Stromsparpreise
- Haushaltsgeräte zu Haushaltepreisen
- Heiße Geräte zu Tiefkühlpreisen
- Heiße Geräte zum coolen Preis
- Echt heiß, diese coolen Preise
- Prima heiß zum coolen Preis
- Hier funkt der Preis und stimmt die Leistung
- Elektrogeräte vom Elektroprofi
- Nur klauen ist günstiger – aber dann ohne unseren Service.
- Gehen Sie nicht fremd – kaufen Sie Ihre Elektrogeräte bei uns!
- Wir haben die Antwort auf alles, was Sie elektrifiziert.
- Doppelt sparen heißt: Beim Einkauf und bei der Stromrechnung.
- Wer clever ist, spart doppelt: beim Kauf und beim Betrieb.
- Haben Sie schon mal versucht, Einbaugeräte nicht bei uns zu kaufen? Verziehen! Sie tun das bestimmt nicht wieder.

Provozieren Sie (Gehen Sie nicht fremd...!), malen Sie Bilder (Hier funkt der Preis...) oder setzen Sie einen schlichten Reim (Reihenweise Tiefkühlpreise). Gleich, wie Sie starten: machen Sie den Empfänger neugierig auf den folgenden Inhalt.

Kurz und präzise

Der Umfang der Schlagzeile reicht von einem Wort bis zu zwei Sätzen, sollte allerdings nie länger als zwei Zeilen sein. Versuchen Sie für Ihre Botschaft mit einer Zeile auszukommen. Folgendes Beispiel zeigt, was passiert, wenn der Verfasser sich nicht zwischen mehreren (langweiligen) Alternativen entscheiden konnte und sie kurzerhand alle nacheinander auf den Kunden ansetzt:

Praxis-Beispiel

Negativ-Beispiel: Mehrzeilige Headline

- Sie suchen nach Best Practices, die Sie in eigene Projekte einsetzen?
- Sie wollen potenzielle Fehlerquellen bei Projektbeginn vermeiden?
- Sie wollen wissen, warum Interoperabilität und Integrationsaspekte eine wichtige Rolle spielen?

Eingeschlafen? Erschlagen? Beides? – Nach dem Motto: „Wenn das nicht interessant ist, dann vielleicht das, oder das..." werden manchmal wahre „Geschütze" abgefeuert. Sie sehen: die Wirkung lässt auf sich warten. Ganz zu schweigen von der Langeweile, die von den Fragen ausgeht. Sagen Sie es mit einem Satz:

- Wovon Ihre Projekte ab sofort profitieren!

Ein weiteres Problem sind allgemeine Aussagen ohne direkten Bezug zum Leser. Dynamik und emotionale Beteiligung dagegen wecken das Interesse. Seien Sie nicht langweilig:

Praxis-Beispiel

Negativ-Beispiel: Allgemeine Aussage

- Die Renten sind nicht sicher!

Das wissen Ihre Leser bereits. Was verändert sich konkret? Welches sind die daraus resultierenden Auswirkungen? Was bedeutet das für den Einzelnen? Wie fühlt er sich dabei? – Machen Sie etwas daraus:

- Was werden Sie sich als Rentner noch leisten können?

Diese Headline macht neugierig: weniger? Bin auch ich davon betroffen? Was kann man dagegen tun?

Die Brücke zum Empfänger

Und schon haben Sie Ihren Leser in den Text geführt. Hier sucht er nun Antworten auf seine Fragen, denn er ist emotional beteiligt. Idealerweise spricht die Headline dem Leser aus dem Herzen und vermittelt ein Gefühl der Verbundenheit („Endlich sagt das mal einer!" „Meine Rede seit Jahren!").

Die Headline kann auch mit einer mutigen Aussage oder einer verblüffenden Neuigkeit provozieren, um die Neugier des Lesers zu fesseln. Am besten verbunden mit einem Vorteil für den Leser.

Praxis-Beispiel

Neugierig machende Headlines

- Krebs durch Pommes? – Die Wahrheit exklusiv für unsere Leser.
- Was wissen Sie über das neue Steuerrecht? – Die 12 wertvollsten Tricks. ◂

Schlüssige Aussagen

Dieses Statement darf sich im weiteren Verlauf nur nicht als Banalität, als leeres Versprechen oder als bemühter, weit her geholter Vergleich entpuppen. Halten Sie unbedingt das anfangs gesetzte Niveau. Noch besser: setzen Sie die Headline nicht allzu hoch an, um die Spannung im Verlauf des Mailings noch steigern zu können, denn das hält den Leser beim Thema.

Einstimmung des Lesers

Eine Headline wirkt aufgrund von Position und Größe sehr dominant, dies gilt besonders für die handschriftliche Version. Ein idealer Blickfang also für die Einstimmung des Lesers auf die Botschaft. Dabei passt zu einer emotionalen, umgangssprachlichen Äußerung sehr gut eine handschriftliche Headline. Sie schafft einen persönlicheren Bezug zum Leser als die vergleichsweise nüchterne Druckschrift. Man ist sozusagen gleich von Anfang an im Gespräch von Mensch zu Mensch. Und genau das möchte unser Werbebrief schließlich erreichen.

Praxis-Beispiel

Headline in Schreibschrift?

- *Holen wir uns 12 % Steuern zurück!*
- *Jetzt und hier: die Tricks der Profis.*
- *Steuerzahler aufgepasst: Neue Schlupflöcher!*
- *Mein Tipp für Sie: Millionär in 30 Monaten!* ◂

Eine weitere Variante sind große Schlagzeilen wie in Zeitungen. Schlagzeilen sind mit Vorsicht zu handhaben und sehr genau auf die Zielgruppe abzustimmen.

Praxis-Beispiel

Schlagzeilen

- **Es reicht, Herr Eichel!**
- **Das Wissen der Profis!**
- **Wir sagen NEIN!**

Große Schrift – große Emotionen

Eine wichtige Eigenschaft der Schlagzeile: sie muss kurz sein, schon allein wegen der größeren Schrift! Sie sollten also auch an dieser Stelle Ihre Aussage so zusammenschrumpfen, dass die Botschaft vom Leser möglichst mit einem Blick erfasst werden kann. Der Empfänger Ihrer Botschaft muss innerlich spontan „Genau!" ausrufen, wenn er Ihre Schlagzeile liest. Wenn große Emotionen nicht zum Thema, zum Produkt oder zur Zielgruppenansprache passen, wählen Sie besser eine „schlichte" Headline in normaler Schriftgröße.

Keine Verspieltheiten

Weitere Anforderungen an Headlines sind Griffigkeit, Frische, Klarheit. Wärmen Sie keine abgegriffenen Floskeln auf, arbeiten Sie mit kurzen Wörtern und meiden Sie Verspieltheit. Was mit diesen Hinweisen ge-meint ist, zeigen die folgenden Negativbeispiele:

Praxis-Beispiel

Negativ-Beispiel: Bemühte Originalität

- Ich geh meilenweit für guten Kaffee!
- Rente? – Und tschüss!
- Was haben der ... und der ... gemeinsam?
- Warnung an alle Eigenheimbesitzer!
- Neu – jetzt noch weißere Wäsche!
- Fischers Fritz fischt frische Fischstäbchen!

Kommentare

1. Was soll's: Kaffee gibt's überall, guten auch. Und deshalb die Zigarettenwerbung kopieren? – Einfallslos!
2. Es gab eine Zeit, da fühlten sich die Radiohörer bemüßigt, die flotten Sprüche der Moderatoren weiter zu erzählen. Dabei profilierte man sich als gewitzt, geistreich und schlagfertig. Aber irgendwann nervte es nur noch, wenn der Hundertste einem ein „Und tschüss!" zurief. Na ja, und die Rente ist kein Thema, mit dem man flapsig umgehen sollte.

3. Gemeinsamkeiten zwischen offensichtlich unterschiedlichen Dingen zu finden kann ganz überraschend sein, hat aber den Nachteil, dass man sich als Wissender über den Leser stellt und ihn abfragt, um ihm dann die bessere Lösung zu präsentieren. Denken Sie an die Augenhöhe!
4. Warnung – wer warnt, droht etwas an! Kaufen Sie gerne bei Leuten, die Sie bedrohen?
5. Dass „neu" nicht gleichzeitig auch „gut" bedeuten muss, hat sich mittlerweile herumgesprochen. Und mit dem Waschergebnis ihres Waschmittels sind die meisten Menschen auch zufrieden. Ganz nebenbei ist die Superhausfrau, die dem letzten Lebenskeim im Haushalt mit Chemie den Garaus macht, ziemlich out.
6. Fritz Fischer kommt also über einen altbackenen Zungenbrecher zu Fischstäbchen – und weiter? Wen soll das interessieren?

Bildhafte Ausdrücke

Geben Sie Ihrem Leser lieber eine anschauliche Vorstellung von Ihrem Angebot. Dabei helfen Sie ihm mit emotionalen, bildhaften Ausdrücken. Was meinen Sie, welche der folgenden Formulierungen hinterlässt bei Ihren Kunden einen stärkeren Eindruck:

Praxis-Beispiel

Allgemeine oder bildhafte Headlines?

- Wir führen ein breites Sortiment an ...! oder: Finden Sie etwas, das Sie bei uns nicht finden!
- Der neue, noch bessere Offroader. oder: Der Herausforderer.
- Gesunder Schlaf dank Schafwollauflagen. oder: Träumen wie auf Schäfchenwolken.

Schnell vergänglich – das Datum

Sie entwerfen Ihr Mailing Ende November. Dann unterbrechen Sie wegen des Weihnachtsgeschäfts die Mailingaktion, zwischen den Jahren ist Inventur, dann noch ein kurzer Winterurlaub, bis die Schule wieder beginnt. Im Januar schließlich setzen Sie sich wieder hin und überarbeiten das Mailing

Ihr Schreiben wird immer besser, Sie geben es also Ende Februar zum Drucker.

Endlich fertig!

Dieser braucht eine Woche und schließlich Anfang März können Sie die fertig adressierten Mailings eintüten und zur Post bringen. Gespannt warten Sie auf die Resonanz. Da ruft ein guter Kunde an und fragt, ob Ihr Angebot denn überhaupt noch gilt. Das Datum lautet auf November.

Ärgerliche Kleinigkeit

Und Sie fragen sich zurecht, wie viele Empfänger das Schreiben geöffnet auf dem Schreibtisch liegen haben, das Datum überfliegen und es sofort als liegengebliebenes Schreiben vom letzten Jahr einstufen. Ärgerlich, nur wegen dem Datum.

Experten-Tipp

Vordatieren

Datieren Sie Ihr Anschreiben möglichst exakt. Dadurch gewinnt es an Aktualität. „Im März 2001" vermittelt den Eindruck von Massenaussendung. Kalkulieren Sie auch den Zeitbedarf für den Druck- und die Auslieferung mit ein, datieren Sie entsprechend vor. Besser Sie haben am Ende einen Werbebrief mit dem morgigen Datum und warten einen Tag mit dem Versand als einen „zwei Wochen alten" Brief zu versenden.

Name und Anrede: So erreichen Sie den Empfänger

Verschenkte Nähe

Nutzen Sie die persönliche Anrede, um den Leser besser zu erreichen! Dem werden Sie bestimmt zustimmen, aber genau das wird in vielen Werbebriefen immer noch versäumt. Wenn im Adressfeld ein Empfänger namentlich genannt ist, so gilt die Begrüßung natürlich auch dieser Person und nicht den anonymen „sehr geehrten Damen und Herren". Leider auch häufig vorkommend – und jedes Mal verschenkte Nähe. Achten Sie auf eine durchgängige Schreibweise. Machen Sie also aus einer Sybille Berger keine Sibylle Berger.

Schwer zuzuordnende Vornamen

Beachten Sie außerdem die richtige Anrede bei Personen mit schwer zuzuordnenden Vornamen wie Kim, Niki, Hyun-mai oder Terry, damit der/die Empfänger/in korrekt angesprochen wird. Bei Namen wie Werner Bertram,

Bernd Otto oder Frank Walter kann die richtige Reihenfolge durch den Abgleich mit Einwohner- oder Telefonverzeichnissen ermittelt werden.

Praxis-Beispiel

Negativ-Beispiel: Unpassende Ansprache

ABC AG

Frau Gundula Geierflug

Einkauf

Musterstr. 11

12345 Musterstadt

Sehr geehrte Damen und Herren,

Ihnen als Freund der Deutschen Post möchten wir heute eine ganz besondere philatelistische Dokumentation vorstellen.

Gesunder Menschenverstand gefragt

Eine Frau mit „sehr geehrte Damen und Herren“ zu begrüßen ist ungeschickt, ihr aber auch noch eine Freundschaft zur Deutschen Post zu unterstellen ist albern. Dabei wird sie auch noch mit der männlichen Form „Freund“ angesprochen. Außerdem ist der ganze Brief vermutlich überflüssig, denn wie viele Frauen glauben Sie gibt es, die sich für „eine ganz besondere philatelistische Dokumentation“ begeistern lassen. Eher verkauft man einem Mann, den man als „Freundin“ anspricht eine Ondulierschere. Hier zeigt sich deutlich die Bedeutung der Zielgruppenauswahl und der Adressdatenpflege.
Eine schlechte Adressselektierung liegt vor, wenn der Inhalt an der angesprochenen Person vorbei geht:

Praxis-Beispiel

Negativ-Beispiel: Unpassende Argumentation

ABC AG

Herr Fabian Fröhlich

Vorstandsvorsitzender

Musterstr. 11

12345 Musterstadt

Sehr geehrter Herr Fröhlich,

Sie stehen vor der Herausforderung, Ihre Vorgesetzten durch überdurchschnittliche Leistung überzeugen zu wollen.

Welche Vorgesetzten hat denn ein Vorstandsvorsitzender einer Aktiengesellschaft?

Adresse korrekt wiedergeben

Einem Außenstehenden mag es nicht so darauf ankommen, ob es richtig heißt „Spedition Schmidt" oder „Schmidt Speditionsgesellschaft mbH". Empfänger dagegen reagieren sofort darauf, wenn sie nicht korrekt angeschrieben wurden. Das richtige Wiedergeben des Namens und der Anschrift des Empfängers wird nicht belohnt, sondern vorausgesetzt.

Im umgekehrten Fall schießt man sich ein sicheres Eigentor. Stellen Sie sich vor, Sie erhalten Post. Und Sie wissen, die wenigsten Briefe sind Gewinnbenachrichtigungen – die meisten sind Werbebriefe oder Rechnungen. Als Empfänger gehen Sie innerlich auf Distanz. „Wer will da etwas von Ihnen? – Ist der Brief überhaupt an Sie adressiert? – Ihr Name ist falsch geschrieben, na dann wird der Inhalt wohl nicht so wichtig sein." Ihr Mailing verliert durch fehlerhafte Adressierung enorm an Stellenwert.

Niemand hat Lust, „Maier" zu lesen, wenn er „Meyer" heißt. Die Einstellung einiger Menschen, Mayer sei Meier und ihre Bequemlichkeit, die richtige Schreibweise zu prüfen, bedeutet für das Unternehmen unmittelbaren Sympathieverlust beim Empfänger und wenig Bereitschaft, sich mit den Inhalten des Mailings näher zu befassen. Ganz klar gehört dazu auch, Malte Humperdinck in der Begrüßungszeile nicht mit „Frau Humperdinck" anzusprechen.

Prüfen Sie Ihre Adressdatenbank auf Aktualität der Datensätze. Gibt es den Leiter Marketing mit Namen Humperdinck dort überhaupt noch? Wenn

Sie sich vorstellen, Sie öffnen Post, die an Ihren Vorgänger adressiert ist, messen Sie dem Inhalt vermutlich wenig Aktualität und Bedeutung zu. Wenn es überhaupt zum Lesen kommt, werden Sie den Brief allenfalls überfliegen, um den Irrläufer dann schnell auszusortieren.
Manche Fehler in den Adressdaten lassen sich durch einfache Sichtkontrolle entdecken. Umso peinlicher, wenn folgender Fehler passiert, denn er zeigt, dass sich auf Absenderseite garantiert nie-mand diesen Brief angesehen hat.

Praxis-Beispiel

Negativ-Beispiel: Fehlerhafte Adressdaten

ABC AG
Herr H junker
Rollfeldstr. 45
12345 Kallstadt

Sehr geehrter Herr junker, ...

Keine Namen in Großbuchstaben

Genauso ungeschickt ist es, den Namen in Großbuchstaben zu setzen. Dadurch entsteht gleich der Eindruck von Massenaussendung nach einer gekauften Namensliste. Und wer will schon gerne sehen, dass mit seinem Namen Handel getrieben wird?
Wenn Sie den Empfänger nicht namentlich kennen, sprechen Sie Ihre Zielgruppe so persönlich wie möglich an. Oftmals gerät die Anrede dabei zur Gratwanderung zwischen vertraut und respektvoll. Nutzen Sie die Möglichkeit der Gruppenbildung („Liebe Kollegen,…“). Wählen Sie aus der folgenden Liste eine passende Anrede aus oder kreieren aus den enthaltenen Elementen eine eigene Kombination, die Sie für wirkungsvoll und angemessen halten.

Im Zweifel eher respektvoll

Wirkungsvoll meint, den Empfänger emotional, persönlich und zugleich respektvoll zu begrüßen. Den Geschäftführer eines großen Traditionsbetriebes werden Sie eher konservativ mit „Sehr geehrter Herr …“ ansprechen, während ein junges Programmiererteam auch „Hallo und guten Tag, …“ akzeptieren wird. Im Zweifelsfall ist es jedoch besser davon auszugehen, dass auch die Geschäftsführer von jungen, dynamischen Firmen nichts gegen einen respektvollen Ton haben. Durch einen zu lockeren Ton können Sie leicht für respektlos gehalten und abgelehnt werden.

Steigen Sie mit einem vertraulichen „Hallo Herr Humperdinck" ein, so müssen Sie damit rechnen, dass Herr Humperdinck doppelt so alt wie Sie und von modernen Sprachgewohnheiten nicht wirklich überzeugt ist. Möglicherweise wird er sich befremdet fühlen und daher Ihrem Schreiben gegenüber distanziert bleiben. Umgekehrt können jugendliche Adressaten sich von einem Mailing mit dem unpersönlichen „Sehr geehrte Damen und Herren" nicht angesprochen fühlen. Allgemein gilt: lieber einen neutralen, freundlichen Ton anschlagen als zu jovial auftreten. Gerade wenn Sie keine Namen der Empfänger besitzen oder die Personalisierung Ihres Mailings nicht vorgesehen ist (etwa bei Postwurfsendungen), stellt sich die Frage nach Alternativen der Anrede. Hierzu ein paar Vorschläge:

Anrede ohne Namen

- Sehr geehrte Damen und Herren, …
- Sehr geehrte Dame, …
- Sehr geehrter Herr, …
- Sehr geehrtes Mitglied, …
- Sehr geehrter Hausbesitzer, …
- Sehr geehrter Herr Kollege, …
- Sehr geehrter Kollege, …
- Verehrter Kollege, …
- Lieber Kollege, …
- Liebe Mitarbeiter, …
- Liebe Freunde unseres Hauses, …
- Sehr geehrter Freund unseres Hauses, …
- Lieber Sportfreund, …
- Lieber Teamkollege, …
- Verehrte Kundschaft, …
- Liebe Kundin, …
- Liebe Vereinskollegen, …
- Lieber Autofreund, …
- Liebe Steuerzahler, …
- Liebe Leser, …
- Liebe Hamburger, …
- An alle Schalke-Fans, …

- An alle Kunstliebhaber, …
- An alle Tierfreunde, …
- An alle, die gutes Essen lieben, …
- An alle, die jetzt ihren Lebenstraum verwirklichen wollen, …
- An alle Leser des Hauses …
- Guten Tag, lieber Tierfreund, …
- Guten Tag, …
- Einen wunderschönen guten Tag, …
- Hallo, liebe Tauchfreunde, …
- Hallo, liebe Hörer, …
- Hallo Deutschland, …
- Hallo und willkommen bei …
- Herzlich willkommen bei …
- Willkommen im Team, …
- Willkommen im Club, …

Ausrufezeichen

Begrüßungen funktionieren auch mit einem Ausrufezeichen statt des Kommas. Das Komma schafft jedoch einen flüssigeren Übergang zwischen Anrede und Fließtext. Das Ausrufezeichen ist lauter, wirkt weniger sensibel, eher werblich und wird daher inzwischen immer seltener verwendet. In speziellen Fällen lässt sich mit dem Ausrufezeichen aber durchaus die beabsichtigte Wirkung verstärken. Bei jahreszeitlichen Grüßen ist das Ausrufezeichen üblicher Bestandteil:

Jahreszeitliche Grüße mit Ausrufezeichen

CD-ROM

- Frohe Ostern!
- Frohe Pfingsten!
- Frohe Weihnachten!
- Ein gutes Neues Jahr!

Problematisch ist die Einbeziehung der weiblichen Form ohne diese artige Aneinanderreihung: „Liebe Mitbürgerinnen, liebe Mitbürger, …“ Wenn Sie nicht wissen, wie Sie die weiblichen Leserinnen einbeziehen sollen, bietet sich vielleicht die Lösung durch eine neutrale Form.

Experten-Tipp

Oberbegriffe vermeiden Ausgrenzung

Elegant ist in manchen Fällen die Zusammenfassung unter einem neutralen Oberbegriff oder eine Sammelansprache im Plural: Kundschaft, Belegschaft, Sportinteressierte, Leserschaft, Reisende, Mitglieder, Tierfreunde, Eltern, Hessen, Gäste, Mitmenschen.

Die nächsten Beispiele zeigen Einladungen von einem Optiker-Fachgeschäft an seine Kunden, das erste mit persönlicher Anrede, das Zweite ohne Anrede. Die zweite Version ist auch ein Beispiel dafür, wie selbst ein Anschreiben ohne namentliche Anrede durchaus ansprechend und persönlich sein kann. Der Telegrammstil im ersten Beispiel dagegen reduziert den verbindlichen Charakter der persönlichen Ansprache. Der Unterschied in der Wirkung ist deutlich spürbar. Es gibt Anlässe, zu denen ein knapper Stil gut passt, andere profitieren dagegen von einer weicheren Sprache.

Mailing im Telegrammstil

CD-ROM

Frau Meier
Hugenottenallee 6
12345 Mühlheim

MÜHLHEIM, FRUEHJAHR 2015

SEHR GEEHRTE FRAU MEIER,

WICHTIGE INFORMATION + STOP + VERNISSAGE BEI OPTIK SCHRÖDER + STOP + EINLADUNG LIEGT BEI + STOP + FREUEN UNS AUF IHREN BESUCH + STOP + BITTE MERKEN SIE TERMIN JETZT SCHON VOR + STOP + SEHEN WIR UNS?

MIT FREUNDLICHEN GRUESSEN

IHR OPTIKER SCHRÖDER

Einladung

Einladung

… zur Brillen-Vernissage „Toskanischer Frühling“

am 12. Mai 2007 ab 18.00 Uhr
bei Optik Schröder,
Nussweg 12 in Mühlheim.

Seien Sie unser Gast bei der Präsentation von internationaler Brillenmode. Führende Designer zeigen ihre neuesten Kollektionen einem ausgesuchten Publikum. Die Galerie Belle Epoque präsentiert sich mit exklusiven Steinrahmen von Maria Celan, in denen die Brillenkreationen ausgestellt werden.

Eine weitere Attraktion ist der Künstler Wolfgang Fliege. Er porträtiert Sie (mit Brille) in wenigen Minuten, sodass Sie das Portrait anschließend mit nach Hause nehmen können. Zur Abrundung des Programms reichen wir Ihnen kleine original toskanische Speisen mit Weinen der Region. Bitte merken Sie diese Veranstaltung jetzt schon vor.

Wir freuen uns, Sie am 12. Mai zur Vernissage be-grüßen zu können.

Ihr Optik Schröder

Verbundenheit schaffen

Ziel der Anrede sollte sein, einen möglichst nahen Bezug zum Empfänger herzustellen. Erzeugen Sie ein Gemeinschaftsgefühl durch gemeinsame Erfahrungen oder gemeinsame Positionen. Dadurch reduzieren Sie die Distanz und signalisieren dem Leser Verständnis für dessen Situation. Der Empfänger spürt eine gewisse Verbundenheit mit dem Absender, der ihm schreibt: „Haben Sie auch den ständigen Ärger mit der Nebenkostenabrechnung satt, Herr Werner?“
Da ist jemand mit den gleichen Sorgen, einer der sich auskennt. Mal sehen, welche Lösung er sich für das gemeinsame Problem hat einfallen lassen! Überlegen Sie also, ob Sie bereits in der Headline ein Gefühl der Verbundenheit herstellen wollen: „Wir alle leiden unter der Abgabenlast. Sie haben dabei jedoch Glück, sehr geehrter Herr Ohnesorge, denn…“ – und damit leiten Sie direkt in den Fließtext über. Eine elegante, aber auch nicht einfa-

che Form, das Thema zu nennen, den Empfänger zu begrüßen und direkt zu den Inhalten überzuleiten.

Negativ-Beispiel: Fließender Übergang

Haben Sie beizeiten an Ihre Rente gedacht,

sehr geehrter Herr Reibach,

dann können Sie Ihrer Zukunft ruhig entgegen sehen. Denn mit einer soliden …

Diese Variante hat den Nachteil, dass die Begrüßung nachgereicht wird. Korrekter wäre, jemanden zuerst zu begrüßen und dann erst das Anliegen vorzustellen. Der Vorteil liegt im fließenden Übergang vom Aufhänger bis in den Fließtext.

So finden Sie den richtigen Einstieg

Ganz besondere Bedeutung kommt dem Briefanfang zu, denn hier stellen Sie gewissermaßen sich und ihr Produkt vor. Es ist Ihr persönlicher Auftritt. (Zuvor, das war die Begrüßung und der Austausch von Visitenkarten) Jetzt ist der Moment da: Sie treten ins Verkaufsgespräch mit dem Leser.

Kommen Sie zur Sache

Der erste Eindruck zählt, eine zweite Chance bekommen Sie nicht. Wenn Sie jetzt lange um den heißen Brei herumreden, sind Sie aus dem Rennen.

Was haben Sie also zu sagen? Der Leser wird in den nächsten Sekunden entscheiden, ob er Sie „weiterreden" lassen will oder nicht. Und es ist leicht für ihn, das Gespräch zu beenden. Er braucht nichts sagen, sich nicht entschuldigen, kein Gespräch beenden – er braucht das Schreiben nur in den Papierkorb fallen lassen. Ende der Verkaufsveranstaltung!

Direkt zum Thema kommen

Also: Wollen Sie langweilen? Wollen Sie mit großen Versprechungen glänzen? Wollen Sie fachsimpeln? Oder Ihre Lebensgeschichte zum Besten geben? – NEIN: Sie wollen verkaufen. Also versetzen Sie sich in die Position des Lesers: er will nicht gelangweilt werden, er mag keine leeren Versprechungen, er interessiert sich nicht für jedes technische Detail und selbstverständlich auch nicht dafür, was für eine tolle Firma Sie sind.

Das Interesse des Empfängers

Als Empfänger eines Werbebriefes will er, dass sein eigener Laden läuft! Und alles, was ihm dabei hilft, hat eine Chance gehört zu werden. Was offensichtlich nur den Umsatz des Absenders steigern soll, verliert. So einfach ist das. Überlegen Sie also zuallererst, was Sie selbst würden lesen wollen, wenn Sie in der Position des Empfängers wären. Dann erst beginnen Sie mit dem Schreiben.

Sachlich, seriös, engagiert

Es ist nichts Unanständiges dabei, jemandem ein seriöses Angebot zu machen. Tun Sie das, vermitteln Sie Ihr Anliegen, kommen Sie zur Sache. Aber rücken Sie Ihrem Kunden in spe nicht auf die Pelle. Plumpe Vertraulichkeit (nur weil man vielleicht aus derselben Branche oder Gegend ist) ist ebenso fehl am Platz wie emotionale Überzeichnung Ihres Anliegens. Schüren Sie keine Angst, dramatisieren Sie keine Banalitäten.

Stellen Sie sich vielmehr auf die momentane Position Ihres Kunden ein, und holen Sie ihn genau dort ab, mit all seinen Problemen, Befürchtungen, Zielen, Wünschen und Hoffnungen. Diese respektvolle und von Verständnis getragene Annäherung wird Ihr Kunde akzeptieren, vielleicht sogar schätzen. Er wird sich öffnen und bereit sein für Ihre Botschaft, weil er spürt, dass Sie sich um ihn bemühen, ihn verstehen, denken wie er. Also traut er Ihnen auch eine gewisse Kompetenz zu, ihm tatsächlich eine (bessere) Lösung für eines seiner Probleme anbieten zu können.

Logischer Gedankengang

Bauen Sie eine logische Gedankenkette auf. Problem – Lösung – Nutzen. Noch einmal: übertreiben Sie nicht, verschweigen Sie aber auch nicht die Highlights. Viele kennen ihre eigenen Produkte tatsächlich so lange und gut, dass sie bestimmte Eigenschaften einfach für selbstverständlich halten und diese als allgemein bekannt voraussetzen. Denken Sie an den Leser: was interessiert ihn, was weiß er schon, was sollten Sie ihm noch verraten?

Zwischen den Zeilen wird der Empfänger ein feines Gespür dafür haben, wie seriös Ihr Angebot ist und ob er Ihren Aussagen trauen kann. Ohne Vertrauen wird er nicht bestellen, ja: nicht einmal weitere Informationen anfordern, denn wer lässt sich schon gerne „beschwatzen“ oder gar „aufs Glatteis“ führen!

Stimmen Sie also den Einstieg des Monologes mit Ihrem potenziellen Kunden sorgfältig auf die anvisierte Zielgruppe ab. Und bedenken Sie: je später Sie Ihr bestes Argument einsetzen, desto weniger Leser werden Sie damit noch erreichen! Also vorenthalten Sie Ihren Lesern nicht das, was für diese von zentraler Bedeutung ist. Ein weiteres Argument dafür, Ihre Botschaft möglichst knapp zu fassen!

Empfehlungen für den Einstieg

Für den Einstieg bieten sich (in Abstimmung mit der verwendeten Headline!) verschiedene Varianten an:

- Eröffnen Sie mit einer provokanten Frage/Behauptung
- Machen Sie ein (überraschendes) Versprechen
- Sprechen Sie einen Glückwunsch aus
- Schlagen Sie eine Brücke der Verbundenheit
- Beginnen Sie mit einem fachmännischen Rat
- Signalisieren sie eine Gefahr/einen Verlust
- Zitieren Sie eine bekannte Persönlichkeit
- Bieten Sie Unterstützung an
- Zeigen Sie eigene Erfahrung
- Wecken Sie Mitleid

Den Einstieg konsequent fortführen

Ganz gleich, welchen Anfang Sie als Einstieg in die Kommunikation mit dem Leser wählen: bleiben Sie konsequent bei Ihrem eingeschlagenen Weg. Werden Sie nach einem Einstieg über das Mitgefühl nicht belehrend, sprechen Sie nach einem Glückwunsch keine Warnung aus und wenn Sie mit einem Zitat beginnen, bleiben Sie im entsprechenden Kontext.

Appetizer

Leiten Sie die Vorgeschichte nicht erst lange her. Der Empfänger langweilt sich bei Mailings, die beginnen mit: „Wissen Sie noch: damals musste man… dann drei Jahre später… , … und als schließlich…“. Besser Sie beginnen mit einem prägnanten Satz. Der Leser will sofort wissen, was ihn erwartet: ein schwer zu durchdringender Satzdschungel oder eine häppchenweise, leicht verdauliche Kost? Machen Sie dem Leser also mit einem bündigen Einstieg Appetit auf Ihr Thema.

Hier einige Beispiele zu den Einstiegsvarianten:

Eröffnen Sie mit einer provokanten Frage/Behauptung

- Wussten Sie eigentlich, dass mehr als die Hälfte aller ...?
- Wissen Sie genug, um damit erfolgreich ...?
- Zahlen Sie zuviel beim ...?
- Wann haben Sie zuletzt ...?
- Warum tun Sie immer noch ...?
- Ziehen Sie sich warm an, denn dieses Angebot ist wirklich supercool!
- Möchten Sie zu denen gehören, die ihr Geld im Schlaf verdienen?
- Zwölf Prozent pro Minute!?
- Was hat Geldanlage mit Autokauf zu tun?
- Welches Auto würde Albrecht Dürer heute fahren?
- Schicken Sie Ihren Geldbeutel in Kur!

Fragen auflösen

Beachten Sie jedoch, dass Sie die erzeugte Spannung auch wieder auflösen. Wenn Sie provozieren, lassen Sie mögliche Vorwürfe nicht auf dem Empfänger sitzen. Und wenn Sie Fragen in den Raum stellen, so beantworten Sie diese.

Wenn Sie einen Vergleich bemühen, dann bleiben Sie bitte nahe am Thema. Das folgende Beispiel zeigt, wie man einen an den Haaren herbei gezogenen Vergleich anschließend umständlich zu erklären versucht und dabei vom eigentlichen Thema abkommt:

Negativ-Beispiel: Fehlende Nachvollziehbarkeit

Sehr geehrte Frau Gusentuber,

Was haben Samen und die Produktions-Logistik gemeinsam?

Ohne Samen kann keine neue Pflanze entstehen.

Ohne Logistik und Materialfluss kann kein Fertigungsunternehmen effizient und kostendeckend produzieren.

Wettbewerbsvorteile zu schaffen wird heute von erfolgsorientierten Unternehmen erwartet: einer der Garanten ist ein optimaler Materialfluss.

Produkten und Dienstleistungen für Logistik und Warenflusstechnik in der Elektronik-Fertigung wird ein hohes Wachstum prognostiziert.

usw.

Alles klar jetzt mit Materialflusstechnik in der Elektronik-Fertigung und der Logistik und den Wettbewerbsvorteilen? Das Ganze läuft übrigens erstaunlicher Weise darauf hinaus, dass für die Teilnahme an einer Elektronik-Fachmesse geworben wird!

Machen Sie ein Versprechen

- Wetten, dass Sie bis zum Ende dieser Woche …
- Wir garantieren Ihnen, dass …
- Nie wieder ohne …
- Wir können, wovon andere nur träumen …

Versprechen verpflichtet

Halten Sie Ihr Versprechen. Der Leser muss Ihnen glauben, dass Sie dies können und auch tun werden. Er möchte durch Sie einen sicheren Vorteil erlangen, den er alleine nicht erhalten hätte. Sie werden also quasi zum Garant für einen Gewinn Ihres Kunden. Auch wichtig: was wünscht Ihr Kunde wirklich? Stellen Sie ihm also nicht irgendeinen Vorteil in Aussicht, sondern einen Gewinn, den er auch haben möchte!

Sprechen Sie einen Glückwunsch aus

- Glückwunsch! Sie haben ein Los der …
- Wir gratulieren zu Ihrer Mitgliedschaft in …
- Sie werden sich täglich selbst zu dieser Entscheidung beglückwünschen …

Ehrliche Glückwünsche kommen an

Jeder lässt sich gerne beglückwünschen. Gute Wünsche unterstützen uns in unserem Streben, signalisieren Anteilnahme und Sympathie. Wer Glückwünsche ausspricht, der freut sich mit einem und für einen. Der meint es gut, und er weiß, was uns freut. Also entsteht durch einen Glückwunsch eine freundliche Nähe gemeinsamer Freude über ein schönes Ereignis. Keine schlechte Basis, um miteinander ins Gespräch zu kommen. Aber Vorsicht: wenn Sie es nicht ernst meinen, spürt der Leser dies sofort. Und wird Ihnen kein Wort mehr glauben!

Schlagen Sie eine Brücke der Verbundenheit

- Danke, dass Sie …
- Gute Nachrichten!
- Sie kennen doch auch die Geschichte von dem Mann, der …
- Jeder von uns kann …
- Ich habe eine schlechte und eine gute Nachricht für Sie: …
- Sie sind auch einer von den Menschen, die …
- Stellen Sie sich vor, wir könnten alle …
- Spielen Sie mit beim …

CD-ROM

Gemeinsamkeiten herausstellen

Hier sprechen Sie den Leser als „einen von uns“ an oder Sie geben sich als „einer wie du“ zu erkennen. Sie teilen gleiche Erfahrungen oder Wünsche mit dem Leser. Sie befinden sich auf Augenhöhe und sprechen kameradschaftlich, lassen den Leser an Ihren neuesten Erkenntnissen teilhaben, malen ihm ein gemeinsames Traumbild, laden ihn ein, sich an einer Gewinn versprechenden Sache zu beteiligen oder sprechen ihn auf etwas aus Ihrer gemeinsamen Erfahrung an. Wenn Sie den richtigen Ton treffen, wird sich Ihr Leser tatsächlich freundschaftlich angesprochen fühlen. Dann wird er Ihrem Angebot entsprechend offen gegenüber stehen. Aber um so empfindlicher wird er auf irgendeinen Pferdefuß reagieren. Also: fair bleiben!

Beginnen Sie mit einem fachmännischen Rat

- Nach wissenschaftlichen Untersuchungen …
- Unabhängige Untersuchungen kamen zu dem Resultat …
- Experten warnen vor …
- Ihr Problem gehört zum Glück der Vergangenheit an …
- Tun sie unbedingt das, bevor Sie …
- Testen Sie selbst …

CD-ROM

Kompetent und fundiert

Überzeugen Sie durch Kompetenz! Lassen Sie Detailkenntnisse durchblikken. Beziehen Sie sich auf renommierte Wissensquellen wie Bundesbehörden, Marktforschungsinstitute, wissenschaftliche Forschungseinrichtungen, Hochschulen etc. Das stützt Ihre Position als Fachmann in dieser Sache. Einem Fachmann vertraut man sich gerne an.

Stellen Sie die Dringlichkeit heraus

CD-ROM

- Nutzen Sie das Angebot, bevor es zu spät ist!
- Zwei Minuten, die über Ihre finanzielle Zukunft entscheiden …
- Noch drei Wochen bis zum definitiven Aus …
- Wer sich jetzt für … entscheidet, profitiert für Jahre!

Eile geboten!

Zeigen Sie dem Leser, dass das, was Sie ihm hier und jetzt anbieten, so schnell nicht wieder kommt. Sei es, dass eine Steueränderung ansteht, eine Frist einzuhalten ist, oder nur ein begrenztes Kontingent Ihrer Ware zur Verfügung steht – machen Sie deutlich, dass der Leser jetzt handeln muss, um von den beschriebenen Vorteilen zu profitieren.

Zitieren Sie eine bekannte Persönlichkeit

CD-ROM

- Ich bin ein Berliner!
- Und die ich rief, die Geister, werd' ich nun nicht los!
- Haben Sie auch fertig?

Prominenz schafft Vertrauen

Wenn Sie jemanden zitieren, achten Sie auf einen direkten Bezug der Person beziehungsweise des Ausspruchs zu Ihrem Angebot. Konstruierte, weit her geholte Bezüge wirken langweilig. Das Zitat muss den Kern der Sache treffen, so dass Sie direkt ins Thema einsteigen können, ohne erst eine Brücke zu Ihrem Produkt bauen zu müssen. Wenn Sie einen Klassiker bemühen, bleiben Sie dem Niveau verpflichtet. Rutschen Sie stilistisch vom Goethe-Zitat ins Banale ab, dann geht Ihnen die Kohärenz verloren und das Schreiben „fällt auseinander“.

Bieten Sie Unterstützung an

CD-ROM

- Beiliegend erhalten Sie heute zwei Gutscheine für …
- Wir haben … auf Ihren Namen reserviert.
- Ich freue mich, Ihnen heute mitteilen zu können, dass …

Mitdenken und unterstützen

Aufmerksamkeiten erfährt jeder gern. Es tut gut, wenn sich jemand Mühe um einen macht, etwas für einen reserviert oder organisiert. Da ist jemand, der mit- und vorausdenkt, der Termine für einen wahrnimmt. Natürlich fragen wir uns, was dieser Jemand wiederum von uns haben möchte. Aber das erfahren wir früh genug. Wichtig ist zunächst nur, dass der Leser einer freundlichen Geste bereitwillig folgen wird und Sie damit einen eleganten Einstieg in das Mailing schaffen.

Zeigen Sie eigene Erfahrung

CD-ROM

- Früher ging es mir wie Ihnen…
- Morgens einmal nicht um sechs Uhr geweckt werden, das wäre schön!
- Ich hatte 18 kg Übergewicht. Noch vor 10 Wochen!
- Ich dachte immer, Spanisch in nur drei Wochen sei unmöglich!

Mit gutem Beispiel voran

Auch hier werden Gemeinsamkeiten betont. Zugleich enthält dieser Einstieg den Aspekt des fachmännischen Rates. Ihr Leser erfährt, dass Sie sein Problem kennen. Auch Sie litten unter Haarausfall, hatten Übergewicht, hatten keine Ordnung am Arbeitsplatz, kamen immer zu spät etc. Aber der entscheidende Punkt ist: Sie haben Ihre Probleme in den Griff bekommen dank des angebotenen Produktes, während der Leser immer noch mit den Problemen kämpft. Sie fungieren als lebender Beweis, dass es Hoffnung auf Verbesserung gibt. Sie kennen die Probleme nur zu gut – aus eigenem Erleben. Wer könnte also den Erfolg eines Produktes besser bewerten als Sie!

Wecken Sie Mitleid

CD-ROM

- Was haben Sie damals gemacht als Sie zwölf waren? Sicherlich nicht im Bergbau …
- Wie lange arbeiten Sie für eine Schale Reis?
- Zwölf von hundert sterben sofort, viele erblinden. Eine traurige Bilanz …

Wenn Sie für Unterstützung einer wohltätigen Organisation werben, dann müssen Sie vermeiden, dass der Leser Ihr Schreiben weglegt, weil es ihn nichts angeht. Nach dem Motto: „Ja, sicherlich gibt es auch in Pakistan blinde Menschen, aber die gibt es doch überall.“ Schließlich möchte zwar jeder gerne helfen, aber Ihr Leser kann andererseits nicht jedem Spendenaufruf nachkommen. Er muss also sondieren, wo Hilfe am dringendsten erforderlich ist und wo seine Spende am sichersten ankommt.

Bezug schaffen und Wirksamkeit belegen

Stellen Sie einen Bezug zwischen Ihrem Leser und dem zu lindernden Leid her. Zeigen Sie, dass es Ihren Leser durchaus etwas angeht, wenn in Afrika die letzten Elefanten von Wilderern abgeknallt werden. Machen Sie die Verantwortung jedes einzelnen deutlich. Und bieten Sie eine einfache, wirksame Hilfeleistung an, die der Leser ganz leicht unterstützen kann. Wenn Ihr Leser das Gefühl hat, dass nur 10 % seiner Hilfe tatsächlich ankommt, wird er im Zweifel nichts geben.

To Do

Prüfen Sie Ihren Spendenaufruf

- Ist die Dringlichkeit betont?
- Haben Sie einen Bezug zum Leser hergestellt?
- Vermittelt Ihr Text, dass der Leser schnell, effektiv und sicher helfen kann? ◂

Spannend und informativ – der Fließtext

Auf den Punkt kommen

Nachdem Sie also mit einem interessanten Einstieg Neugier und Aufmerksamkeit beim Leser geweckt haben, verlieren Sie keine unnötigen Worte. Kommen Sie vielmehr schnell auf den zentralen Punkt Ihres Schreibens. Sagen Sie dem Leser, welche konkreten Vorteile das eigene Produkt, die angebotene Dienstleistung gegenüber den Mitbewerbern bietet.

Argumentieren Sie schlüssig und ohne Hast, versuchen Sie nicht, alle Argumente in einem Satz unterzubringen. Setzen Sie ein Top-Argument auf das andere, aber übertreiben Sie nicht! Wenn der Leser sich festgehalten fühlt („Kunden-bindung“), wird er nur noch den Wunsch haben, sich zu befreien. Denken Sie immer daran: im Fall eines Mailings schafft er das ganz leicht – er braucht es nur wegzuwerfen.

Setzen Sie den im Einstieg gewählten Stil konsequent fort. Bleiben sie also bei Ihrer persönlichen Note. Der Leser kann so das Bild verdichten, das er sich von Ihrem Unternehmen und Ihrem Angebot macht.

Erlebbare Inhalte

Machen Sie Ihre Aussagen spürbar und anschaulich. Ihr Leser will keine nackten Fakten vermittelt bekommen, er möchte beim Lesen bereits den angekündigten Effekt spüren können. Er möchte das Gefühl der Überlegenheit im Geländewagen und den ruhigen Schlaf bereits erleben. Er möchte sich mit Ihrem Produkt im Vorteil sehen.

Praxis-Beispiel

Geben Sie dem Leser Bilder!

- Der Vampirette saugt wie der Teufel höchstpersönlich.
- Ungestört feiern bis ultimo – in Ihren eigenen vier Wänden.
- Wie wär's mit Frühstück in 11.000 Meter Höhe?
- Sonntag 5.30 Uhr. Die Welt schläft noch. Zeit für dich und deine Maschine!
- Der Multimedia-PC holt Ihnen die ganze Welt ins Wohnzimmer.

Bilder zeigen Wirkung

Der Leser sieht sich bereits durch die ganze Welt surfen. Er sieht sich beim Frühstück im Flugzeug nach Australien, während sich die Kollegen zuhause auf den Weg zur Arbeit machen. Und er sehnt sich nach der Freiheit der eigenen vier Wände, in denen er endlich machen kann, was immer er möchte. Es sind diese Bilder, die überzeugen und verkaufen. Daher verkaufen Sie kein Shampoo, sondern schöne Haare; keine Gartenmöbel, sondern Entspannung im Freien; kein Auto, sondern Lustgewinn. Was war noch gleich Ihr Angebot?

To Do

Formulieren Sie um:

Sie haben folgendes Produkt:	Sie verkaufen:
Zahnbürste	strahlendes Lachen
Lautsprecher	Klanggenuss
...	...
...	...

Innere Logik

Logische Kette

Reihen Sie Ihre Gedanken für den Empfänger in einer logischen Folge auf, wie Perlen auf einer Schnur. So kann sich der Leser von einem Gedanken zum nächsten hangeln. Leiten Sie Ihre Leser vom Ausgangsgedanken über alle wesentlichen Argumente zu dem (einzig möglichen) Schluss – dem Antwortformular.

Experten-Tipp

Bleiben Sie umgangssprachlich

Wie im Verkaufsgespräch ist es auch in Werbebriefen meist üblich, für zukünftige Situationen und Handlungen ebenfalls die Gegenwartsform zu verwenden. Es ist knapper und klingt schlüssiger als das umgangssprachlich unübliche Futur. Außerdem ist die Vorstellung etwas zu haben, genießen und tun näher an der Realität als die, etwas (irgendwann vielleicht einmal) tun zu werden.

Anzustreben ist eine schlüssige Argumentationskette ohne Sprünge oder Lücken. Tatsächlich liest man immer wieder Mailings, in denen zuerst ein Produkt (z. B. Handy) vorgestellt wird, um das es nicht geht. Kaum hat man sich damit befasst, erfährt man, dass es eigentlich um Zubehör (Schutzhülle) geht, aber auch das ist nicht das Anliegen, denn die Hülle gibt es gratis, wenn man eine Freisprecheinrichtung kauft.

Kein Rückwärtssalto

Hier wird vom Empfänger erwartet, dass er rückwärts verdaut. Wenn er auch noch die Preise richtig zuordnen muss („nur 20 Euro" neben dem Handy machen neugierig, sind aber als monatlicher Vertragspreis weniger attraktiv), dann ist es schnell vorbei mit der Geduld. Seien Sie klar mit Ihren preislichen Aussagen.

Experten-Tipp

Konzentrieren Sie sich beim Verfassen des Fließtextes auf die fünf Ws, die Ihren Kunden wirklich interessieren:

- Worum geht es?
- Wie lauten die Argumente?
- Welcher Vorteil ergibt sich?
- Was kostet das Ganze? und
- Wie bestelle/reagiere ich?

Bündige Argumentation

Praxis-Zulassung in Gefahr?

Sehr geehrter Herr Dr. Gelbfieber,

Kranke gehören in die Praxis, und zwar um sich behandeln zu lassen – nicht um zu arbeiten, wie Sie! Eigentlich erübrigt sich für Ihren Berufsstand eine Krankenversicherung – weil Sie sowieso immer arbeiten. Für den „worst case“ einer langen und kostspieligen Behandlung haben Sie vermutlich eine Absicherung. Und sind damit gut versorgt.

Doch was ist mit Ihrer Praxis, wenn Sie fehlen?

Bei längerer Schließung droht der Entzug der Zulassung. Eine Vertretung ist nicht eben leicht zu finden – und muss bezahlt werden! Vielleicht für Monate.

Ich habe mir zu diesem Thema ein paar interessante Gedanken gemacht und rufe Sie in 10 Tagen an, um Ihnen weitere Informationen zu geben und zu prüfen, ob Handlungsbedarf besteht.

Ich wünsche Ihnen alles Gute!

Mit besten Grüßen

Ihr Daniel Denkmal
Genial-Versicherungen

Erklärungsbedürftiges Produkt

Kosten sparen mit Trockeneis

Guten Tag,

vielleicht fragen Sie sich jetzt, was Trockeneis mit Ihrer Branche und dann auch noch mit Kosteneinsparung zu tun hat.
Nun, der Einsatz von kältetechnischen Anwendungsverfahren zum Reinigen von Produktionsanlagen, zum Trennen von Verbundstoffen, beim Vermahlen elastischer Stoffe und zum Verriegeln von Durchflüssen kann auch Ihnen große Kosteneinsparungen bringen. Dabei bieten wir Ihnen Erfahrung und kompletten Service:

- Beratung durch Anwendungstechniker über die Einsatzgebiete der Verfahren,
- Trockeneis-Strahlreinigungen rund um die Uhr an 365 Tagen im Jahr,
- Eigenproduktion qualitativ hochwertigen Trockeneises jederzeit möglich,
- Entwicklungsabteilung für spezielle Anwendungsbereiche und Automatisierungen.

Ein Beispiel für die Kosteneinsparungen beim Reinigen mit Trockeneis:

Reifenformen werden im eingebauten Zustand direkt in der Presse gereinigt. Die Oberflächen schonende, nicht abrasive Reinigungsmethode erhöht dabei die Nutzungsdauer der Gussformen um ein Vielfaches. Außerdem sparen Sie Rüstzeiten und erhöhen dadurch die Produktionszeiten. Der geringe Zeitaufwand für die Reinigung und die Einsparung von Demontage und Montage senken Ihre Kosten deutlich – umweltfreundlich und rückstandsfrei.

Zögern Sie nicht, uns Ihre besonderen Anforderungen zu schildern. Ihre Aufgabenstellung ist unsere Herausforderung!

Mit freundlichen Grüßen

Friedrich Teschke
Customer Support

Konzentrieren Sie sich möglichst auf ein Angebot, so dass Ihr Leser genau weiß, worum es in Ihrem Angebot geht. Dabei können Sie mit ein paar „Tricks“ für eine leichtere Akzeptanz sorgen:

Auf ein Angebot fokussieren

1. Stellen Sie zwei andere (eigene!) Angebote neben Ihr „Kernangebot“. Eines mit einem vergleichsweise „schwachen“ Produkt für etwas weniger, und eines, das zwar etwas mehr kann, aber dafür deutlich teurer ist. Ihr Kunde wird Ihrer Empfehlung für das Angebot der „goldenen Mitte“ so leichter folgen. Die Relevanz des Angebots lässt sich durch einen „reduzierten Sonderpreis„ noch verstärken. Nennen Sie konkret den Betrag, den Ihr Kunde hierbei spart.
2. Begrenzen Sie Ihr Angebot mengenmäßig. So weiß Ihr Leser gleich, dass er schnell, möglichst sofort, reagieren muss, um Ihr Angebot nutzen zu können.
3. Wenn Sie das Angebot auch noch – zeitlich befristet – für ihn „reservieren“, dann fühlt sich Ihr Kunde gut betreut und wird dankbar für Ihre Umsicht sein.
4. Bieten Sie ein Sparpaket: mehrere (nicht zu viele!) Produkte erhält Ihr Leser für einen Preis, der deutlich unter den Einzelpreisen liegt. Dabei kann es sich sowohl um gleiche Produkte wie beispielsweise sechs Weingläser im Karton handeln oder auch um ein Werkzeugset.
5. Legen Sie noch einen Bonus obendrauf: etwa einen Weinführer oder eine Wasserwaage für den Schlüsselbund. Die Antworten werden beschleunigt, wenn Sie diese „Specials“ nur für die ersten 200 Besteller bieten. Der Haken: wenn jemand nicht gleich reagiert, wird er später davon ausgehen, dass er nun bei einer Bestellung weniger erhält als andere zuvor, und das Angebot verliert für ihn an Attraktivität.
6. Wenn Sie nun noch eine Garantie aussprechen, kann der Besteller eigentlich gar nichts mehr falsch machen, außer natürlich: Ihr Angebot nicht zu nutzen.

Randbemerkungen

Randbemerkungen neben dem Fließtext können den Eindruck persönlicher Anmerkungen/Notizen vermitteln. Als hätte bereits jemand wichtige Notizen für die leichtere Bearbeitung des Themas zu einem späteren Zeitpunkt

Gleich bestellen!

gemacht. Hat der Verfasser die Highlights noch einmal handschriftlich hervor gehoben?
Daher sollten Randbemerkungen stets in einer Schreibschrift gehalten sein. Sie bieten den Vorteil, dass sich der Leser an dieser Kurzfassung des Inhaltes schnell und leicht ein Bild vom Inhalt des Schreibens machen kann, und dann auf Grundlage dieser Informationen entscheiden, ob er den Inhalt detailliert recherchieren möchte.
Im Sinne dieser Kurzfassung des Inhalts sollten Randbemerkungen natürlich auch kurz gefasst sein. Wenige Wörter mit den Kernaussagen des Mailings sind hier wertvoller als ganze Sätze.

Praxis-Beispiel

Beispiele für Randnotizen

- 4 Jahre Garantie
- Ihr Vorteil
- Bonuskarte gleich ausfüllen!
- jetzt 70% Nachlass
- Service inklusive!
- Kostenloses Upgrade!

Sparsam verwenden

Verwenden Sie Randbemerkungen sparsam, um den Charakter des Besonderen zu erhalten. Markieren Sie wichtige Textstellen, achten Sie dabei unbedingt auf ein durchgängiges Schriftbild in Größe, Farbe, Linienbreite und persönlichem Stil, damit nicht der Eindruck entsteht, hier hätten mehrere Leute ein Wirrwarr von Notizen und Anmerkungen hinterlassen.

Randbemerkungen wie Unterschrift in blauer Farbe

Auch drucktechnisch ist es von Vorteil, sich auf eine Farbe zu beschränken. Zur Auswahl der Farbe: Rot hat Korrekturcharakter und wirkt wichtig, gelb ist auf weiß schlecht lesbar, eine unerwünschte Wirkung für die Werbebotschaft. Grün passt zu Naturthemen, braun ist nahe am Schwarz der „gedruckten" Texte, lila wirkt etwas giftig, am beliebtesten – in Anlehnung an die verbreitete Tintenfarbe von Füllfederhaltern – ist blau. Blau wirkt seriös, klar und verlässlich. Der Kontrast zu weißem Papier ist zudem weicher als beim Schwarz, was Blau per-sönlicher wirken lässt.

So finden Sie die richtige Grußformel am Briefende

Normalprogramm

Der geschäftliche Standardgruß lautet „Mit freundlichen Grüßen" – das ist freundlich, aber auch un-verbindlich. Die etwas leisere Variante „Mit freundlichem Gruß" ist bescheidener: ein Gruß je Empfänger reicht. Mit diesen Grußformeln orientieren sich an der unauffälligen Norm. Gegen diesen Standard ist nichts einzuwenden, insbesondere bei einer eher konservativen Zielgruppe.

Persönlicher Gruß

Wollen Sie jedoch auffallen, überlegen Sie sich, ob nicht ein etwas persönlicherer Gruß besser zu Ihrer Zielgruppe passt, d. h. positiver von ihr aufgenommen wird. Mögliche Alternativen und Nuancen finden Sie nachfolgend aufgeführt:

Grußformeln

CD-ROM

- Mit freundlichen Grüßen aus Hannover
- Herzliche Grüße aus Bayern
- Einen herzlichen Gruß nach Hamburg
- Weihnachtliche Grüße aus Freiburg
- Frühjahrsgrüße vom Bodensee

- Mit herzlichen Grüßen
- Es grüßt Sie
- Freundlich grüßt Sie
- Mit den besten Grüßen
- Mit besten Grüßen
- Beste Grüße

Sie können auch den beruflichen Aspekt in Ihren Gruß integrieren:

- Ihr Servicepartner
- Ihr Kundendienst
- Ihre Fachwerkstatt
- Ihre Beraterbank

Experten-Tipp

Nicht mehr zeitgemäß

- Ihr ergebener – OUT
- Mit vorzüglicher Hochachtung – OUT
- Hochachtungsvoll – OUT

Junge, moderne Grußformen

CD-ROM

- Ihr … (Unterschrift)
- Machen Sie's gut!
- Bis demnächst im Club!
- Mit Grüßen vom Team
- Bis bald!
- Bis dann!
- Bis dahin!
- Bis nächsten Monat!
- Auf bald beim Korallentauchen!
- Wir sehen uns in München? Ihr …
- Sie wollen Dankbarkeit gegenüber dem Leser betonen?

Dankbarkeit ausdrücken

CD-ROM

- Herzlichen Dank, Ihr …
- Mit einem herzlichen Dankeschön!
- Danke für Ihre Aufmerksamkeit!
- Danke für Ihre Unterstützung!
- Danke im Namen der Kriegsopfer!

Individuallösung

Eine weitere Möglichkeit ist, dass Sie einen eigenen Gruß als Ihr Markenzeichen etablieren. Sicherlich können Sie die folgenden Grüße den entsprechenden Moderatoren richtig zuordnen:

1. Passen Sie gut auf sich auf!
2. Alles wird gut.
3. … und eine geruhsame Nacht!

Auflösung: Fliege, Ruge, Wickert. Wahrscheinlich fallen Ihnen weitere Beispiele ein. Nun ist eine Fernsehshow natürlich etwas anderes als ein seriöser Geschäftskontakt, aber denken Sie doch mal in diese Richtung. Vielleicht findet sich für Ihren Geschäftsbereich ja eine schöne Formulierung, die persönlich ist ohne plump oder flapsig zu sein. Durch Wiederholung verschaffen Sie sich ein unverwechselbares Markenzeichen.

Beispiele für individuelle Grüße

CD-ROM

- Herzliche Grüße aus dem Sonnenland,
- Sonnige Grüße, Ihr Bräunungsspezialist
- Ihr Urlaubsflieger,
- Wenn's um die Wurst geht,
- Seien Sie sicher!

Achten Sie darauf, dass sich möglichst alle Leser Ihrer Zielgruppe angesprochen fühlen. Der Gruß mit der größten Akzeptanz, der zugleich die größte Nähe schafft, sollte Ihr Favorit sein. Geben Sie Ihrem Gruß eine persönliche Note, aber vermeiden Sie jede Form von Aufdringlichkeit oder unangebrachter Vertraulichkeit. Ihre Intuition wird Sie hierbei sicher leiten.

Was Sie bei der Unterschrift beachten müssen

Name und Funktion auch gedruckt

Wenn Sie handschriftliche Anmerkungen im Mailing gemacht haben, unterschreiben Sie mit gleicher Schrift und Farbe. Nicht nur wenn Sie eine etwas unleserliche Unterschrift haben: setzen Sie darunter Ihren kompletten Namen und Ihre Funktion in Druckschrift, damit der Leser nachvollziehen kann, von wem genau er diesen Brief erhalten hat.

Titel

Wenn Sie über einen Titel verfügen und wissenschaftlichen Eindruck machen wollen, dann unterschreiben Sie mit

- Professor Dr. Humperdinck
- Dr.rer.nat. Emil Humperdinck
- Dr.-Ing. Emil Humperdinck

Für entsprechendes Image sorgen auch Adelstitel oder bekannte Personen des öffentlichen Lebens wie Sportler, Schauspieler, (ehemalige) Politiker und Unternehmer. Die Botschaft: hier gibt es etwas, das auch höchste Ansprüche befriedigt.
In Österreich ist die Tradition der Titel noch sehr viel lebendiger als in Deutschland oder der Schweiz. Aus Zeiten der alten K.u.K.-Monarchie haben sich bis in die heutigen Tage historische Titel wie „Herr Geheimoberrat“ erhalten; wichtig bei der korrekten Anrede von Empfängern in Österreich. Hier wird übrigens auch der „Diplom-Ingenieur“ als Titel geführt, nicht so in Deutschland.

Prominenz gewinnen

„Konsul Wegener“ unter einem Spendenaufruf assoziiert eine Stiftung mit wohltätigem Charakter. Natürlich sollen Sie keinen Konsul erfinden, aber wenn Sie beispielsweise die Gattin des DFB-Vorsitzenden für eine Krebshilfeorganisation gewinnen können, dann signalisiert die Unterschrift der Schirmherrin eine saubere Verwaltung und wird bestimmt mehr Gelder in die Kasse spülen als ein „gez. Nobody“. Stellen Sie sich jeweils die Wirkung Ihres Anschreibens vor, wenn es von folgenden Namen unterzeichnet ist:

- Graf Claus zu Soltau und Niederrhein
- Kardinal Traugott
- Babsi Beton, Preisträgerin der goldenen Maus
- Anton Floyhenji, Literaturnobelpreisträger
- Bodo Burg, Präsident der Welthilfsgenossenschaft

Fragen kostet nichts

Achten Sie dabei auf den thematischen Zusammenhang! Ein Literaturnobelpreisträger kann als Abonnent einer Zeitschrift überzeugen, in Fragen der Kinderernährung wird man ihm jedoch weniger Kompetenz zusprechen. Viele verwerfen den Gedanken an ein prominentes Zugpferd ohne es überhaupt versucht zu haben, dabei gibt mancher Promi gerne seine Zustimmung zu einem guten Projekt. Die unerwartete Publicity oder der Imagegewinn ist der berühmten Persönlichkeit vielleicht sogar willkommen.

Praxis-Beispiel

Aktion Mensch

Ein nicht personalisierter Werbebrief („An alle, die gerne gewinnen.") mit Xtra-Superlos der Aktion Mensch ist unterzeichnet von Geschäftsführer Dieter Gutschick, darunter ein Bild z. B. von Thomas Gottschalk. Die Namensähnlichkeit verstärkt die Werbebotschaft. ◂

Das Postscriptum: Worauf kommt es an?

Möglichkeiten nutzen

Das PS wird beim ersten Überfliegen des Werbebriefes als einer der zentralen Aussagen in der Regel sehr früh wahrgenommen und sollte eine wichtige Botschaft enthalten. Hier kann z. B. ein überzeugender Zusatznutzen beschrieben werden. Bedenken können durch ein starkes Argument zerstreut, Kaufanreize durch eine großzügige Garantie geschaffen werden, oder der Leser erhält ein Geschenk für eine besonders schnelle Antwort. Die Möglichkeiten des PS sind vielseitig, daher sollten Sie gut überlegen, ob Sie auf ein PS verzichten wollen.

Gleich zum Antwortformular

Es ist quasi das Sahnehäubchen auf Ihrem Mailing. Hier brechen Sie den letzten noch vorhandenen Widerstand. Hier geben Sie den Lesern den letzten kleinen Schubs, den Antwortcoupon am besten gleich auszufüllen, um von diesem Angebot zu profitieren. Und das ist auch erforderlich, denn hat der Empfänger das Schreiben erst einmal weggelegt, um sich die Sache noch einmal zu überlegen, haben Sie in den allermeisten Fällen verloren.

Mit einem starken Schluss im PS können Sie das letzte erforderliche Quäntchen Überzeugungsarbeit leisten, das vielleicht noch zum klaren „Ja" des Kunden fehlt. Mit einem guten PS stärken Sie die Glaubwürdigkeit Ihres Angebotes, bringen einen weiteren Vorteil ins Spiel, wiederholen das Hauptargument, setzen eine Frist oder zerstreuen Bedenken mit einer Garantie. Aber fassen Sie sich kurz! Die Aussage muss intuitiv mit einem Blick erfassbar sein. Also maximal zwei Zeilen!

Mögliche PS-Inhalte

CD-ROM

- Profitieren Sie noch heute von diesem einmaligen Angebot und Sie nehmen automatisch an der Verlosung von 100 City-Shoppern teil!
- Die einmalige Chance von zehn Sammlerstücken zum sensationellen Preis von nur 50 Euro inklusive hochwertigem Lederetui!
- Ein Freiexemplar ist auf Ihren Namen reserviert bis zum 30. Juni!
- Bonus! Als Frühbucher erhalten Sie einen zusätzlichen Rabatt von 20 %.
- Es ist gut zu wissen, dass es Menschen wie Sie gibt, die bereit sind zu helfen! Danke.
- Unbegrenzte Garantie auf alle Produkte. Lebenslängliches Rückgaberecht – ohne Angabe von Gründen!
- Ihr Antwortcoupon nimmt automatisch an der Verlosung teil – unabhängig von einer Bestellung!

Kein PPS!

Ein PS steht gewöhnlich unter dem Abschiedsgruß, kann aber auch handschriftlich auf einem separaten Blatt erfolgen, beispielsweise auf einem Post-it-Zettel. Wie und wo auch immer Sie Ihre wesentliche PS-Botschaft unterbringen, reduzieren Sie deren Wirkung nicht mit einem zweiten, nachgeschobenen PPS!

PS ans Briefende?

In seriösen Geschäftsbriefen kann es aber auch angeraten sein, auf ein PS ganz zu verzichten. Probieren Sie, wie der Brief auf Sie wirkt, wenn Sie die Inhalte des PS in den Fließtext (meist wohl am Ende) integrieren. Schließen Sie dann mit einer persönlichen Grußformel und – nichts weiter. Sicherlich wirkt die Variante ohne PS weniger werblich, individueller, persönlicher, ruhiger. Entscheiden Sie von Fall zu Fall je nach Zielgruppe und Image Ihres Unternehmens.

Auf jeden Fall ist der Verzicht auf das PS einem schwachen PS vorzuziehen, das dem Briefschluss nur schadet. Wenn Sie ein starkes Geschütz in petto haben, nennen Sie es. Aber kratzen Sie keine Argumente zusammen, um ein vermeintlich notwendiges PS mit Worten zu füllen. Übrigens ist es mittlerweile auch üblich, die Bezeichnung „PS:“ am Zeilenanfang wie beim „Betreff:“ wegzulassen.

PS ohne „PS:"

transport logistic 2000 am 12.-18. Mai

Sehr geehrter Herr Dellinger,

die weltgrößte Logistikmesse ist eine gute Gelegenheit, sich bei Cargo Experts über die neuesten Entwicklungen auf dem internationalen Lufttransportmarkt zu informieren. Im Pressegespräch steht Ihnen der Vorstand persönlich Rede und Antwort.

Die zentralen Themen sind unsere Express-Services, die kundenfreundlichen Internetangebote sowie Idee und Perspektive unseres weiterentwickelten Unternehmensbildes. Mit der beigefügten Faxantwort können Sie uns Ihren Wunschtermin für das Gespräch mit dem Vorstand mitteilen. Wir freuen uns auf Ihre Teilnahme!

Mit freundlichen Grüßen

Horst Welteke
Customer Support

Beiliegend erhalten Sie einen Besucherprospekt und den Aufkleber für Ihre Terminplanung.

Häufig verwendet werden abschließende, indirekt formulierte Fragesätze nach dem Muster: „Falls Sie nun …, dann …" – Kein PS, das einen vom Hocker haut, aber freundlich und entgegenkommend.

Indirekt: freundlich und zurückhaltend

Indirekte Formulierungen

- Wenn wir nun Ihr Interesse geweckt haben, ...
- Wenn unsere Produkte Sie näher interessieren, ...
- Wenn Sie nun neugierig geworden sind,...
- ... dann senden Sie uns einfach die gebührenfreie Antwortkarte.
- ... dann beantwortet Ihnen Frau Hörer unter Tel. 0800-00993311 gerne Fragen zu den technischen Details.
- ... dann rufen Sie uns an oder senden Sie ein Fax. Gebührenfrei!
- ... dann fordern Sie das für Sie bereit liegende Info-Paket an.

Direkt: live und konkret

Direkte Fragen mit abschließendem Fragezeichen sind dagegen etwas umgangssprachlicher. Während indirekte Fragen die eigentliche Frage im Nebensatz untergehen lassen, konfrontieren richtige Fragen den Leser ganz direkt. Die Brisanz ist bei indirekten Fragen daher weitaus geringer als bei der direkten Frage, wie das folgende Beispiel zeigt:

Praxis-Beispiel

Indirekt oder direkt

- Indirekt: Rufen Sie uns an, wenn Sie noch weitere Informationen wünschen.
- Direkt: Welche Fragen können wir Ihnen beantworten?

Wie formulieren Sie am Ende des Schreibens motivierende Fragen, die den Leser davon überzeugen, dass er das Response-Element besser gleich ausfüllt und absendet? – Wählen Sie eine Formulierung, die als Antwort kein „Ja“ oder „Nein“ zulässt.

Praxis-Beispiel

Ja/Nein-Fragen

- Möchten sie nun mehr über die ... wissen?
- Wollen Sie die Vorteile der Frühbuchung nutzen?
- Wollen Sie schon bald Besitzer eines Eigenheims sein?

Der Leser kann sich hier mit einem uninteressierten „Nein“ verabschieden. Nicht so einfach hat er es dagegen bei Fragestellungen wie:

Praxis-Beispiel

Offene Fragen

- Wann besuchen Sie uns auf der Messe?
- Wann fliegen Sie mit uns?
- Welches Produkt interessiert Sie besonders?
- Was können wir nun für Sie tun? – Ihre Wünsche nehmen wir gerne entgegen unter Tel. 0800 – 00993311. Frau Hörer steht Ihnen mit kompetentem Rat bei allen Fragen zur Seite.

Diese Frage regen den Leser an, sich Gedanken über die Antwort zu machen. Wenn er diese vorformuliert auf dem beiliegenden Response-Element findet, umso besser. Dann braucht er nur noch zu bestätigen und unterschreiben.

Wie Sie Stilmittel erfolgreich einsetzen

Fragen – gezielt und sparsam verwenden

Fragen in der Headline verlangen eine Antwort und leiten so in den Fließtext über. Im Fließtext selbst können Fragen auflockernd wirken und den direkten Bezug zum Leser herstellen:

Praxis-Beispiel

Fragen auch im Fließtext

- „Und warum erzählen wir Ihnen das alles?"
- „Was bedeutet das für Sie?"
- „Warum sagt Ihnen das sonst niemand?"
- „Wäre es nicht schön, wenn auch Sie ...?"

Fragen Sie Ihrem Empfänger aber kein Loch in den Bauch. Fragen sollen nur sparsam und gezielt eingesetzt werden.

Beweise – damit schaffen Sie Vertrauen

Den Empfänger interessiert weniger, was Sie behaupten – Papier ist geduldig, als vielmehr Beweise. Statt zu behaupten, dass Ihr Präparat „dem Haarausfall wirksam entgegen tritt", belegen Sie durch Zahlen, wo Ihr Produkt bisher welche Erfolge verzeichnen konnte.

Praxis-Beispiel

Beweise schaffen Vertrauen

- Testsieger in der Mittelklasse
- Sparsamstes Produkt im Vergleich

- Bisher schon 10.000 zufriedene Kunden, darunter auch...
- Langzeitfrische klinisch getestet
- Höchster Vitaminanteil aller ...

Beschränken Sie sich auf ein bis drei überzeugende Beweise. Wenn Sie zuviel Belege „aufhäufen“, entsteht leicht der Eindruck, Ihr Produkt genieße ein eher schlechtes Ansehen, dem Sie nun umso vehementer entgegenwirken müssen.

Testimonials – erhöhen Sie Ihre Glaubwürdigkeit

Kunden, Fachleute oder Prominente äußern sich zur Zufriedenheit mit dem Produkt. Oft auch mit Bild und Unterschrift, um die Glaubwürdigkeit zu erhöhen. Beispiele:

Praxis-Beispiel

Überzeugte Aussagen

- „Ich hätte nie gedacht, dass ein Tubenwaschmittel so gut sein kann."
- „Für mich gibt es keinen anderen Reifen mehr."
- „Früher suchte ich immer ein Haarspray für alle Tage. Jetzt habe ich es gefunden."

Echt oder konstruiert

Wichtig ist, dass die Person und ihre Aussage zur Positionierung Ihres Produktes passen. Wenn es glaubwürdig ist, kann ein Testimonial dem Leser Zweifel nehmen und ihm die Kaufentscheidung leichter machen. Ein Tennisstar wird wohl einen kompetenten Tipp zur Ausrüstung geben, ein Filmstar zu Reisezielen. Witzig ist auch das ganz offenkundig vorgetäuschte Testimonial. So kann man Babys Worte in den Mund legen, aber auch Tieren, Pflanzen oder Produkten. Thematisieren Sie hierbei das Hauptinteresse des „Sprechenden“.

Slogan und Claim – zeigen Sie Profil!

Claim signalisiert den Anspruch

Die Begriffe Slogan und Claim werden oft willkürlich und falsch benutzt. Beide helfen bei der Profilierung, jeder jedoch auf eine eigene Art. Ein Claim ergänzt Ihren Firmennamen um eine zentrale Aussage, sozusagen Ihre verdichtete Firmenidentität. Der Claim steht entsprechend als Namensergänzung beim Firmenlogo und signalisiert Ihren Standpunkt, Anspruch und/oder Auftrag. Damit trägt der Claim dazu bei, sich bei Neukunden gewissermaßen vorzustellen. Man positioniert sich und zeigt Profil. Daher sind Claims in Werbebriefen durchaus nützlich, sollten jedoch dezent eingesetzt werden.

Praxis-Beispiel

Claims

- E-Plus – So nah als wär man da.
- DaimlerChrysler – Die Zukunft des Automobils.
- Aral – Alles Super.

Nur mit Profil

Verzichten sollten Sie dagegen auf nichtssagende oder allgemeine Claims, die sich jeder an den Namen heften könnte, wie: „Ihr zuverlässiger Partner“, „Service und Qualität“. Dadurch zeigen Sie kein Profil, sondern allenfalls, dass Ihnen wie vielen anderen nichts Besseres eingefallen ist.
In Abgrenzung zum Claim ist der Slogan ein Werbespruch, der den Produktnamen mit einer Werbeaussage verbindet.

Praxis-Beispiel

Slogans

- Alles in OBI.
- Greife lieber zur HB.
- Haribo macht Kinder froh.

Wiedererkennung durch Wiederholung

Slogans können in einen Werbebrief integriert werden, verstärken dabei jedoch den werblichen Charakter. Je nach Produkt und Zielgruppe kann das vorteilhaft oder auch ungünstig sein. Ein Slogan kann beispielsweise von

anderen Medien her bereits sehr bekannt sein und dem Leser gleich zeigen: ach, die sind das, mit dem ...!
Slogans und Claims dürfen übrigens nicht einfach übernommen werden. Bei größer räumlicher und inhaltlicher Nähe zum Original kann auch eine Abwandlung zu wettbewerbsrechtlichen Problemen führen. Auch künden Kopien von fehlender Eigenständigkeit und mangelnder Originalität. Daher sollten Sie nur eigene Schöpfungen benutzen.

Wie Sie die wichtigsten Fehler vermeiden

Perfekt und doch erfolglos?

Sie haben eine tolle Idee, wie Sie Ihr Mailing aufziehen! Schlagzeile, PS, Fließtext mit schlagkräftigen Argumenten, alles ist perfekt auf den Empfänger abgestimmt. – Beste Voraussetzungen also für traumhafte Responsezahlen. Jedoch: die erwartete Wirkung bleibt aus. Was ist falsch gelaufen?

Nun, die Toleranzschwelle des Leser bei einem unangeforderten Werbebrief ist denkbar niedrig. Meist wird er Sie nicht kennen und muss sich – wenn er überhaupt dazu bereit ist – allein an Hand von Erscheinungsbild und Inhalt Ihrer schriftlichen Botschaft ein Bild von Ihrem Unternehmen machen.

Was meinen Sie, wird er davon halten, wenn er als erstes seinen Namen falsch wiedergegeben sieht? Und weiter: dort hängen zwei Worte aneinander, ein anderes ist falsch getrennt, das Datum ist nicht aktuell und ein Fremdwort ist falsch wiedergegeben.

Briefqualität wird übertragen

Er wird denken, dass der Absender sich nicht gerade viel Mühe gegeben hat. Naheliegend der Gedanke, dass der Absender auch hinsichtlich der Produktqualität, der Liefertermine und des Services zur Nachlässigkeit neigt.

Wenn es Ihnen nicht der Mühe wert erscheint, den Namen des Empfängers richtig zu schreiben, welche Mühe werden Sie sich dann mit dem späteren Kunden geben? Ein hohes Niveau an Sorgfalt ist erforderlich, um die Fehlerquote möglichst bei Null zu halten.

Sorgfältige Wortwahl

Und wenn Sie nach der Aussendung doch noch einen Fehler entdecken? Dann trösten Sie sich damit, dass es so gut wie kein absolut fehlerfreies Produkt gibt. Die Welt ist nicht vollkommen, und ein kleiner Fehler wird meist verziehen. Achten Sie jedoch darauf, dass Ihnen kein grober Fehler entsteht. Und der ist nicht unbedingt in der Rechtschreibung zu suchen, sondern kann einfach in einer ungünstigen Wortwahl bestehen, aus der Ihr Leser missverständlich deuten kann, dass Ihre Aussagen vielleicht doch nicht wirklich ernst gemeint sind.

Experten-Tipp

Zeit zum Reifen

Arbeiten Sie langsam und gewissenhaft, um Fehler von vornherein zu vermeiden. Lassen Sie Ihren Entwurf unbedingt über Nacht liegen und lesen Sie dann noch einmal alles laut vor. Wiederholen Sie diese Prozedur, bis Ihnen keine Verbesserungen mehr einfallen. Erst dann sollten Sie an einen Versand denken. Starten Sie Ihren Briefentwurf also rechtzeitig, um nicht in Zeitnot zu geraten. ◀

Nachfolgend betrachten wir die häufigsten Fehlerfallen um diese schon beim Entwurf zu vermeiden.

Die neue Rechtschreibung – was hat sich geändert?

Das Wichtigste in Kürze

Machen Sie sich unbedingt mit den wesentlichen Veränderungen im Zuge der inzwischen nicht mehr so ganz neuen Rechtschreibreform vertraut. Die häufigsten Fehler in diesem Zusammenhang sind folgende:

- Ein scharfes „s" wird nach kurzem Vokal stets „ss" geschrieben, also: dass, muss, Fluss. Bei langen Vokalen und bei Doppellauten allerdings „ß": Maß, Spaß, Gruß, Straße, fließen, draußen, Äußerung.
- Die Schreibweise leitet sich vom Wortstamm ab: aufwändig von Aufwand, behände von Hand, Stängel von Stange
- Drei Konsonanten können direkt hintereinander stehen: Stofffetzen, Teeei, Balletttänzer. Wahlweise können Sie auch getrennt schreiben: Tee-Ei etc.
- Fremdwörter lassen teilweise mehrere Schreibweisen zu: Spaghetti, Spagetti; Geographie, Geografie; Exposé, Exposee
- Getrenntschreibung: sitzen bleiben stets getrennt, gleich ob in der Schule oder auf einer Bank, Rad fahren, Eis laufen, vieles, das früher „aneinandergeschrieben" wurde, wird heute getrennt geschrieben. Wenn der Sinn allerdings verloren ginge, bleibt es bei der Zusammenschreibung: durchhalten, aufgeben, zusammenfahren etc.
- Zahlen und Wörter werden mit einem Bindestrich verbunden: 17-jährig, 12-Tonner, 80-prozentig.
- Groß– und Kleinschreibung: der Nächste, im Allgemeinen, heute Mittag, Montag abends, Jung und Alt, Groß und Klein, aufs Beste, das schwarze Brett, die erste Hilfe, das ohmsche Gesetz.

- Trennungen: „st“ und „sp“ werden am Zeilenende getrennt, „ck“ bleibt zusammen, es können einzelne Vokale für sich allein stehen bleiben. Beispiele: Wes-te, Kis-te, Wes-pe, Zu-cker, le-cken, höchs-te, U-fer, O-fen. Aber nicht: ins-tän-dig, uns-tet, Ans-talt, Ges-penst, ers-trebenswert etc., sondern: in-stän-dig, un-stet, An-stalt, Ge-spenst, er-stre-bens-wert.

Die richtige Wortwahl macht den Unterschied

Der feine Unterschied

Seien Sie sorgfältig in Ihrer Wortwahl. Die deutsche Sprache ist eine reiche Sprache; sie hält für viele Dinge mehrere Ausdrücke bereit. Dabei gilt es die feinen Unterschiede zu beachten und den richtigen Begriff zu wählen. Nehmen wir Ihr „Unternehmen“ (Sinngehalt: gemeinsames Streben nach Zielen, Visionen) – Sie können es als „Firma“ bezeichnen (kleinerer Rahmen), als „Betrieb“ (produzierender Charakter), „Werk“ (Industrie) „Niederlassung“ (Zweigstelle) oder als „Laden“ (legerer Ton). Neuerdings redet man auch von „Units“ (strategische Einheiten in der weltweiten Marktpräsenz), kaum noch dagegen vom „Stammhaus“ (Traditionsbewusstsein), eher vom „Hauptsitz“ (Zentrale).

Wenn Sie etwas verlosen, veranstalten Sie dann eine „Tombola“, ein „Gewinnspiel“, eine „Lotterie“, eine „Verlosung“, eine „Ziehung“ oder eine „Auslosung“? Was ist der Unterschied zwischen einem „Rundfunkempfänger“, einem „Radio“, einem „Tuner“ und einem „Receiver“? Was der zwischen einem „Angebot“, einem „Kostenvoranschlag“ und einer „Offerte“? Das Reagieren darauf kann bezeichnet werden als: „bestellen“, „ordern“, „buchen“, „anfordern“, „abrufen“ oder „Angebot annehmen“.

Nehmen Sie nicht einfach das nächstbeste Wort, suchen Sie nach dem richtigen Begriff für Ihr Anliegen. Oft verwechselt: Die Mehrzahl von Wort – „Worte“ sind Aussagen, „Wörter“ dagegen sind Satzelemente.

Papierdeutsch

Darunter verstehen wir ein amtssprachliches, sehr gestelztes, manchmal fast unverständliches beziehungsweise sehr altmodisches Deutsch. Mit anderen Worten: Das ist die Sprache, die niemand spricht, aber manche meinen schreiben zu müssen. Antiquierter Stil und geschwollene Ausdrücke haben nichts mit erfolgreicher Verkaufskommunikation zu tun.

Entwürfe testen!

Verwenden Sie einen natürlichen Sprachstil. Testen Sie Ihre Entwürfe, ob sie auch laut gesprochen gut klingen. Wenn es unnatürlich, gestelzt klingt, dann besteht die Gefahr, dass Sie ins Papierdeutsch geraten sind.

Praxis-Beispiel

Negativ-Beispiel: Papierdeutsch

Hochverehrter Herr Kunstert,

gemäß der jüngsten Unterredung Ihres werten Herr Kracht mit unserem Herrn Diemer in Ihrem geschätzten Hause möchten wir Ihnen nun unsere unverbindliche Offerte unterbreiten. Gerne freuen wir uns auf Ihre baldige Rückantwort und halten Ihnen für den eventuellen Bedarfsfall gerne entsprechende Kontingente zu Ihrer freien Verfügung. Diesbezüglich gewähren wir Ihnen selbstredend die gewohnten Gratifikationen. Da wir uns noch mit der Erstellung unseres Verkaufsprospektes in Produktion befinden, werden wir Ihnen diesen umgehend postalisch nachreichen, sobald uns entsprechende Druckergebnisse vorliegen.

Bis dahin verbleiben wir hochachtungsvoll und

mit den besten Empfehlungen

Ihre Wortschwall GmbH

gez. Direktor Rührend

Unnatürlich kommt nicht gut

Was ist an diesem Text nicht so gut gelungen? – Der Verfasser hat hier viel zu häufig „wir“ verwendet! Insgesamt 11 mal „wir“ beziehungsweise „uns“ deutet auf eine selbstbezogene Sichtweise hin, die von dem Mäntelchen übertriebener Höflichkeit nur notdürftig verdeckt wird. – Aber das nur am Rande. Natürlich geht es hier um die Unnatürlichkeit der Sprache. Kein Mensch redet so. Entsprechend schwer fällt dem Leser auch, Gemeinsamkeiten mit dem Absender zu entdecken. Also auch hier ist die Augenhöhe erschwert! Zu den einzelnen Formulierungen:

- „Hochverehrt“ klingt übertrieben, anbiedernd. Alles was über „sehr geehrte“ hinausgeht ist out.
- „Gemäß“ muss nicht sein: „entsprechend“ klingt ebenfalls distanziert. Am besten ist hier eine komplett neue Formulierung.

- „jüngste Unterredung“: gemeint ist „das Gespräch am...“
- „Ihres werten Herrn“: heute würde man sagen „zwischen den Herren ... und ...“
- „in Ihrem geschätzten Hause“: am besten ersatzlos streichen – der Gesprächsort tut nichts zur Sache.
- „möchten wir Ihnen unsere unverbindliche Offerte unterbreiten“: wir möchten nicht unterbreiten, sondern wir bieten an;
- „unverbindlich“ für wen, möchte man fragen, zu Recht: lassen Sie es einfach weg und schreiben: „unser Angebot“ – das zeitgemäße Wort für „Offerte“.
- „Gerne freuen wir uns“ – wer tut das nicht gern!? – Eine unbeabsichtigte Dopplung.
- „Baldige Rückantwort“ – gemeint ist „bald von Ihnen zu hören“. Richtig: Rückantwort ist ebenfalls eine Dopplung.
- „Für den eventuellen Bedarfsfall“ ist überflüssig. Natürlich bestellt der Kunde nur, wenn er auch Bedarf hat!
- „Gerne entsprechende Kontingente zu Ihrer freien Verfügung“: „gerne“ ist eine Wiederholung im selben Satz; „entsprechende Kontingente“ ist vage, denn woher soll der Absender denn wissen, welche Mengen (besser als „Kontingente“) der Kunde benötigt. „zur freien Verfügung“: wie lange denn?
- „Diesbezüglich“: bezüglich der freien Verfügung? – Klingt zudem sehr amtlich.
- „Gewähren“ hat etwas leicht Herablassendes. Der Herrscher gewährt den Vasallen eine Gnade...
- „Selbstredend“: eine etwas altmodische Variante von „natürlich“ oder „selbstverständlich“.
- „Gewohnte Gratifikationen“: wenn der Kunde die Nachlässe eh schon gewohnt ist, dann erwartet er sie auch in Zukunft. Wenn wir das extra betonen, rühmen wir uns eigentlich nur selbst „ob der vorzüglichen Großzügigkeit“.
- „Uns mit der Erstellung unseres Verkaufsprospektes in Produktion befinden“ – Substantivierungen machen Texte hölzern. Warum nicht einfach aktiv formulieren: „An unserem Verkaufsprospekt arbeiten wir zurzeit noch“?
- „Umgehend postalisch nachreichen“ – „senden wir Ihnen gerne zu“.

- „Sobald uns entsprechende Druckergebnisse vorliegen“ – „sobald dieser fertig ist“.
- Grußformel: „Bis dahin verbleiben wir hochachtungsvoll und mit den besten Empfehlungen“ – „verbleiben“ ist out, ebenso „hochachtungsvoll“, „ und mit den besten Empfehlungen“ soll noch einen Gruß draufsetzen – warum nicht nur schlicht: „mit freundlichen Grüßen“?
- „Ihre Wortschwall GmbH
gez. Direktor Rührend“ – es hat uns also eine Firma geschrieben und ein führender Mitarbeiter hat „gezeichnet“. Sollte es nicht eigentlich umgekehrt sein: „Ihr Fabian Rührend“, wenn Sie den Empfänger gut kennen, oder etwas schlichter „Fabian Rührend“ und darunter als Erläuterung „Geschäftsführer Wortschwall GmbH“!?

Sprechtest machen!

Natürlich haben wir es hier mit einer ungewöhnlichen Häufung veralteter, übertriebener Ausdrücke zu tun. Aber Beispiele dieser Art helfen, eine Sensibilität gegenüber umständlichen und unnatürlichen Formulierungen zu entwickeln. Seien Sie auf der Hut, dass sich nicht doch der eine oder andere Ausdruck in Ihre Schreiben schleicht! Machen Sie den Sprechtest: lesen Sie Ihren Text laut vor und fragen Sie sich, ob Sie sich im Dialog mit dem Kunden auch so ausdrücken würden. Im Zweifelsfall suchen Sie nach einem einfacheren, direkteren Weg, etwas zu sagen. Der Kunde ist nicht König, sondern Mensch und Sie kein Diener, sondern Mitmensch.

Fremdwörter

Auch viele Fachleute sind Ihnen dankbar für einen schlichten, verständlichen Sprachstil. Der Verwendung von Fremdwörtern haftet schnell ein leichter Dünkel an, das eigene Bildungsniveau unterstreichen zu wollen. Fremdwörter sollten daher, wenn sie nicht sehr geläufig sind, möglichst vermieden werden. Meist gibt es einen deutschen Begriff, der die Sache klar und verständlich wiedergibt. Wägen Sie im Einzelfall ab, was besser klingt oder besser verstanden wird.

Praxis-Beispiel

Fremdwörter und ihre Entsprechungen

- Background – Hintergrund
- Hausse – Aufschwung
- Gratifikation – Vergütung
- Offerte – Angebot
- Investment – Kapitalanlage
- Kooperation – Zusammenarbeit
- relaxen – entspannen
- Mauspad – Mausunterlage?
- Relegation – Ausschluss
- Zitation – Vorladung
- Handy – Mobiltelefon
- Trottoir – Gehsteig
- Tuner – Radio
- Enquete – Untersuchung

Fremdwort ist nicht gleich Fremdwort

Die Beispiele zeigen, dass Fremdwörter sehr unterschiedliche Qualitäten haben. Die einen sind so verbreitet und üblich, dass wir uns schon schwer tun, eine deutsche Entsprechung zu finden (Mauspad). Andere hingegen sind unüblich und wirken künstlich, oder sie werden nur in einem ganz bestimmten Zusammenhang verwendet. Entsprechend ist die durch Fremdwörter erzielte Wirkung beim Leser auch sehr verschieden. Während Enquete nur im politischen Kontext auftaucht, ist Handy absolut alltäglich. Trottoir klingt heute altmodisch, Investment dagegen progressiv. Manche Wörter wie Baby, Job oder Rallye werden dagegen meist gar nicht mehr als Fremdwort wahrgenommen.

Richtige Schreibweise prüfen

Wenn Sie in Ihrem Mailing Fremdwörter oder Fachbegriffe verwenden, so gönnen Sie sich unbedingt einen Blick in ein Fremdwörterlexikon oder in eine Fachveröffentlichung, in der das betreffende Wort richtig wiedergegeben wird. Auch wenn Sie sich sicher sind: schlagen Sie nach! Viele Menschen glauben nicht, dass Rhythmus mit zwei „H“ geschrieben wird. Und auch hinsichtlich der Bedeutung selbst gebräuchlicher Begriffe wie z. B. Marketing gehen die Meinungen doch auseinander.

Für Mailings im B2B-Sektor sind Fachbegriffe teilweise sinnvoll, um sich professionell und eindeutig mitzuteilen. Viele – insbesondere akademische – Verfasser neigen indes zu einem statischen Stil, der sich durch eine Häufung von Substantiven und Partizipien bemerkbar macht. Dadurch wirkt der Text vielleicht exakt, aber emotional tot. Beleben Sie Ihre Texte daher durch einen aktiven Stil mit wenigen Substantiven und vielen Verben.

Praxis-Beispiel

Aktiver Stil

Schreiben Sie statt: „Die Auslieferung erfolgt innerhalb drei Werktagen ab Eingang der Bestellung." – aktiv: „Sie erhalten Ihre Prämie umgehend – am besten, Sie bestellen noch heute."

Eigenschaftswörter

Adjektive sorgfältig wählen

Natürlich sind wir versucht, unser Angebot durch viele schmückende Eigenschaftswörter ins rechte Licht zu rücken. Übertriebene Häufungen positiver Aussagen und Superlative machen den Leser jedoch misstrauisch. Beschränken Sie sich lieber auf wenige starke Eigenschaftswörter, die Ihre Produktqualität anschaulich beschreiben. Verfassen Sie keine Lobeshymnen – weniger ist auch hier deutlich mehr!

- Schreiben Sie statt: „die absolut beste Versicherung"
  besser: „bedarfsgerechter Familienschutz"
- statt: „himmlisch köstliche Teigwaren"
  besser: „leckere Pastavariationen"
- statt: „der bestechende Allrad-Supertourer"
  besser: „der Herausforderer"

Andererseits gilt es, möglichst viele Sinne des Lesers anzusprechen. Das erreichen Sie neben z. B. duftenden oder klingenden Beilagen besonders durch gezielt eingesetzte Eigenschaftswörter.

Sprechen Sie die Sinne an

Wie können Sie möglichst viele Sinne Ihrer Leser ansprechen? Was kann Ihr Produkt dazu beitragen? Welche verwandten Themen lassen sich dazu benutzen, einen Geruch, ein Geräusch, einen Geschmack oder einen Reiz für den Tastsinn zu vermitteln? Wenn es schon nicht live geht, dann lösen Sie durch eine sensitive Wortwahl angenehme Vorstellungen aus. (Frühlingsduft, klingende Münze, schäfchenweich, etc.)

Lebendige Sinne

Durch sorgfältig ausgewählte Eigenschaftswörter können Sie viel Lebendigkeit in Ihren Werbebrief bringen und sich so von den nüchtern-sachlichen Argumentationsketten vieler anderer Werbebriefe wohltuend abheben. Dieser Aspekt ist ganz besonders wichtig, wenn Sie sich mit Ihrem Angebot an eine überwiegend weibliche Zielgruppe richten. Das hat nichts mit Rollenklischee zu tun, sondern mit den Erkenntnissen der Verkaufs- und Hirnforschung. Also machen Sie – auch für die männliche Kundschaft – Ihre Produkte nicht nur verfügbar, sondern auch erlebbar.

Negativformen

Verwenden Sie grundsätzlich positive Formulierungen, auch verneinte Negativformen sind negativ – und bleiben als negative Begriffe im Geist des Lesers hängen. Sagen Sie also lieber „leicht“ als „unschwer“, lieber „gut“ als „nicht schlecht“.

Negativ wirkt schwer

Negative Begriffe bringen eine gewisse Schwere in den Text. Auch wenn Sie Lösungen anbieten, vermeiden Sie alles, was düster und beschwerlich klingt. Dazu gehören Wörter des Leidens, des Todes, der Krankheit, der Schmerzen, des Kummers, des Hasses, des Verlustes.

Wenn Sie Alarmanlagen verkaufen wollen, sprechen Sie vom „Genießen des Urlaubs“ statt „Kampf der Unsicherheit“ oder „Schluss mit der Bedrohung“.

Prüfen sie Ihren Text und ersetzen Sie negative durch positive Wendungen. Hilfreich ist hierfür ein Perspektivenwechsel. Nehmen Sie einen positiven Blickwinkel ein und beschreiben Sie erneut.

Dopplungen

Vermeiden Sie Doppelaussagen. Diese schleichen sich meist dann ein, wenn man es besonders „gründlich“ ausdrücken will, wie sie das folgende Beispiel exemplarisch zeigt:

Praxis-Beispiel

Sagen Sie's einfach

„Wenn Sie die Vorteile zusammenaddieren, werden Sie bereits schon heute feststellen, dass ebenso auch der Service mit eingeschlossen ist. Senden Sie uns deshalb also umgehend die beiliegende Anlage mit der Rückantwort baldmöglichst zurück.“

Ganz leicht passiert es

Dieser Text ist voller Doppelaussagen. „Zusammenaddieren“ doppelt das „Zusammenzählen“ und das „Addieren“, dann „bereits schon“: beides sagt das Gleiche und kann ebenso gut alleine stehen. Gleiches gilt für „ebenso auch“. Wenn etwas eingeschlossen ist, so kann man gut auf das „mit“ verzichten: ebenfalls eine Dopplung. Die „beiliegende Anlage“ hat bestimmt jeder gleich als Doppelaussage erkannt, „umgehend und baldmöglichst“ stehen weiter auseinander, sind aber ebenfalls eine Dopplung, und zum Schluss noch ein Klassiker: die Rückantwort ist nichts anderes als eine Antwort. Wenn man die Rückantwort auch noch „zurück“ senden soll, dann wird der Dopplung sogar noch einer drauf gesetzt.

Wiederholungen

Weniger ist oft mehr

Prüfen Sie Ihren Text auf Wiederholungen aller Art. Immer wieder ist beispielsweise zu lesen, dass sich der Absender *freuen* würde, wenn wir ihn kontaktieren und dass er uns mit *Freude* die Details erläutern wird. Und *gerne* können wir noch weitere Auskünfte erhalten, die er uns *gerne* zur Verfügung stellen wird. Auch wenn Sie jemand sind, der sich gerne und viel freut, reduzieren Sie solche Formulierungen auf eine einzige Aussage. Was Sie wiederholen dürfen, ist die Kernaussage Ihres Briefes, um diesen auf den Punkt zu bringen. Häufig wird dies im PS getan, um das Hauptargument zu unterstreichen und eine Reaktion zu forcieren.

Synonyme und Variationen

Was die Wiederholung von Wörtern betrifft, so lassen sich meist geeignete Synonyme finden. Der Blick in ein Lexikon der Synonyme hilft hier weiter. Mal Monitor, mal Bildschirm. Mal vorschlagen, mal empfehlen. Mal günstig, mal preiswert. Aber achten Sie darauf, den Leser nicht zu verwirren. Er muss stets eindeutig verstehen worum es geht. Sprechen Sie also nicht durcheinander vom Sonderband, der Spezialausgabe, dem Schmuckband und von der Lederedition. Es muss immer eindeutig sein, von was die Rede ist.
Direkte Wiederholungen von „die die“ oder „zu zu“ klingen holprig und sind durch Umstellungen im Satz vermeidbar:

Praxis-Beispiel

Wortwiederholungen

- „Die häufigsten Kriterien, die die Kunden anführen, sind Qualität und Service." – Besser: „Service und Qualität werden von den Kunden am häufigsten genannt."
- „Es ist ein Leichtes, die Gardinen mit nur einer Hand zu zuziehen." – Besser: „Und abends ziehen Sie beide Gardinenflügel einfach mit nur einer Hand zu."

Wettbewerb

Was ist erlaubt?

Natürlich wollen Sie herausstellen, dass Ihre Produkte besser sind als die des Wettbewerbs. Mit einer eher zurückhaltenden Formulierungsweise vermeiden Sie Abmahnungen oder einstweilige Verfügungen. Verzichten Sie weiterhin auf pauschale Abwertungen der Mitbewerber. Vergleiche sind zulässig, sollten aber nur angewendet werden, wenn eindeutig vergleichbare Fakten wie Preise bei gleicher Leistung vorliegen, wie z. B. Ferngesprächspreise pro Minute am Wochenende. Ziehen Sie in Zweifelsfällen einen Fachanwalt für Wettbewerbsrecht hinzu, um unliebsamen Überraschungen vorzubeugen.
Grundsätzlich treten Sie souveräner auf, wenn Sie Ihr Angebot dem Empfänger zur eigenen Prüfung anheim stellen, statt ihn mit Zahlen zu überhäufen.

Worauf Sie bei Aufforderungen achten sollten

Vorsicht mit Aufforderungen! Vermeiden Sie die Formulierung „…sollten Sie…“!

Praxis-Beispiel

Kein erhobener Zeigefinger

- Vor Inbetriebnahme der Anlage sollten Sie sich beim Fachmann vergewissern, dass…
- Dieses Angebot sollten Sie sich nicht entgehen lassen!

Es wirkt bevormundend, mahnend, besserwisserisch – der kluge Ratschlag mit drängendem Charakter. Die Leser wollen sich jedoch weder zu etwas drängen noch bevormunden lassen, sondern selbst entscheiden!

„Sollten Sie“ sollten Sie vermeiden

„Sollten Sie zu unserem Angebot noch Fragen haben, …“ – hier schwingt im Hintergrund ein „tatsächlich“ oder „etwa“ mit, welches den Leser in ein etwas dummes Licht rückt. Aber auch in der Variante von „Haben Sie vielleicht noch Fragen,…“ unterstellt man dem Leser, womöglich nicht alles begriffen zu haben, beziehungsweise räumt man ein, dass die gegebenen Informationen möglicherweise unverständlich oder ungenügend seien.

Besser, Sie stehen zum aktuellen Informationsstand und bieten dem Interessenten die Möglichkeit, weiterführende Informationen abzurufen. Geeignete Formulierungen hierfür sind:

- Möchten Sie nun noch mehr wissen?
- Haben wir Ihr Interesse geweckt?
- Für weitergehende Fragen steht Ihnen … zur Verfügung.
- Wünschen Sie eine individuelle Beratung zu…?

Wenn Sie eine Aufforderung formulieren, dann verwenden Sie kein Ausrufezeichen. Ein freundliches „Bitte“ und ein schlichter Punkt reichen völlig aus. Und wenn Sie Ihrer Bitte noch ein gutes Argument folgen lassen, geben Sie dem Leser Anreiz zum Kontakt und zugleich den Freiraum selbst zu entscheiden. Also nicht:

- Unbedingt noch heute anrufen!
- Sofort antworten!

Besser:

- Für weitere Informationen rufen Sie bitte an. Unsere Spezialisten erstellen maßgeschneiderte Lösungen für Ihren individuellen Bedarf.
- Weitergehende Beratung erhalten Sie unter …
- Bitte füllen Sie die Antwortkarte noch heute aus und profitieren Sie vom zeitlich befristeten Service-Check.

Spielen Sie nicht den Lehrer

Sprechen Sie auch nicht von „Testen Sie Ihr…" oder „Lernen Sie hier…" oder „Endlich erfahren (auch) Sie…", Sie stellen sich sonst auf eine Ebene über Ihren Kunden. Bleiben Sie auf Augenhöhe: laden Sie Ihr Gegenüber ein, etwas auszuprobieren, herauszufinden, eine gute Erfahrung zu machen. Empfehlen Sie die Vorzüge, aber geben Sie keine Anweisung. Der Empfänger fühlt sich sonst schnell gegängelt. Außerdem scheuen viele Kunden vor Testsituationen intuitiv zurück – sie könnten ja schlecht abschneiden. Umgekehrt: ohne Handlungsaufforderung riskieren Sie, dass der Empfänger seiner natürlichen Trägheit nachgibt und nichts tut. Der einzige Ausweg aus diesem Dilemma ist, den Leser zu überzeugen und in ihm die Motivation zu wecken, dass er Ihr Angebot „von sich aus" nicht versäumen möchte.

Experten-Tipp

Zurückhaltung weckt Vertrauen

Schreiben Sie in einem natürlichen, unaufdringlichen Stil. Lassen Sie die Argumente für sich sprechen. Je weniger hinter einem Angebot steckt, desto aufdringlicher der Stil. Intuitiv weiß das auch Ihr Empfänger!

Umgekehrt: seien Sie nicht harmlos! Das folgende Schreiben verzichtet auf Headline und ein starkes PS. Wirkt es auf Sie überzeugend?

Praxis-Beispiel

Negativ-Beispiel: Harmloses Mailing

Sehr geehrter Herr Möhring,

der Kostendruck in Projekten nimmt weiter zu! Im projektspezifischen Spannungsfeld zwischen Kosten-, Termin- und Qualitätszielen benötigen Sie die richtigen Controllinginstrumente.

Nutzen Sie unsere dreitätiges Intensivseminar „Projektcontrolling" am 4. bis 6. Oktober in Bad Boll, zu dem wir Sie herzlich einladen, um sich die aktuellsten

Verfahren und Tools des Kostencontrollings anzueignen. Die begrenzte Teilnehmerzahl und ein controllingerfahrener Seminarleiter garantieren Ihnen intensives Lernen. Nähere Informationen entnehmen Sie bitte dem beigefügten Programm.

Freundliche Grüße aus Donauwörth

Franz Friggelmaier

Customer Manager

PS: Sichern Sie die Wirtschaftlichkeit Ihrer Projekte! ◂

Kommentar: Die mehrfache Wiederholung des Begriffs Controlling vermittelt wenig Souveränität und teilweise kontraproduktiv, schließlich erwartet man vom Seminarleiter selbstverständlich Erfahrung in der Thematik. Der Ton ist freundlich, allerdings ist es zweierlei, jemanden zu einem Seminar „herzlich" (auf Kosten des Hauses?) einzuladen, oder eben ein Seminar zur Buchung anzubieten. Dies sollte klar kommuniziert werden. Das PS vergibt die Chance, ein weiteres, starkes Argument zu nennen. Statt dessen wird die Grundthematik des Schreibens lediglich wiederholt, noch dazu ohne Emotionen zu wecken.

Vorsicht bei Wortspielen

Keine Peinlichkeiten!

Es gibt gute Beispiele gelungener Wortspiele – „Mann, sind die Dickmann", „Vernunft, Vertrauen, Fairsicherungen", „Kleben Sie wohl!". Neben Doppeldeutigkeiten und Verfremdungen bieten sich auch andere Spielereien wie z. B. Alliterationen: „Drehzahl, Dynamik, Dominanz". Wenn Sie Ihre Botschaft dergestalt – vielleicht auch als ganzen Satz – verpacken möchten, so fallen Sie zwar auf: „Maiermilch macht müde Männer munter!", aber schreiben Sie deshalb Werbebriefe? Wenn Sie sich erinnern: Sie wollen verkaufen, nicht Sprachkunst darstellen. Wortspiele in der Headline müssen in erster Linie neugierig machen und dürfen nicht vorrangig der Unterhaltung dienen. Eine häufiger erfolgreich eingesetzte Form des Wortspiels ist die der – vermeintlichen – Gegensätze. „Sie spannen uns ein – und bleiben entspannt.“ (Inkasso), „Wenn nichts mehr geht, stehen wir es durch.“ (Rechtschutz)

Reime

Eine weitere, beliebte Form der Wortspiele sind Reime. Man möchte fast sagen: leider.

- „Wenn's Haus korrekt gebaut sein soll,
  komm lieber gleich zur Zimmerei Troll.“
- „Fenster ein baut dir keiner so flott,
  wie die Fensterbauer von Johannes Mott.“

Im Stil der 50er

Diese besonders bei Handwerkern teilweise recht beliebten Flirts mit der Lyrik sind nicht sehr zu empfehlen. Um die Wahrheit zu sagen: meist schmerzen sie, denn selten finden dabei ein brauchbares Versmaß und ein geistreicher Gedanke zusammen. Was bleibt, ist ein nett gemeinter Versuch, „Hallo“ zu sagen. Selbst wenn man im ersten Beispiel das Versmaß rettet, bleibt die Aussage banal:

- „Wenn's Haus korrekt gebaut sein soll,
  komm lieber gleich zu Firma Troll.“

Oder reagieren Sie selbst auf altbackene Ratschläge in Wilhelm-Busch-Manier etwa mit Vertrauensvorschuss und Kaufrausch?

Hintersinniges

Eine weitere Form des Wortspiels sind Aphorismen, also geistreiche, prägnant formulierte Sinnsprüche: „Ein trautes Heim ist ein Heim, in das man sich heimtraut.“ (R. Lembke)

Stellen Sie einen solchen Sinnspruch über Ihr Mailing, so fragt sich der Leser, was das denn nun mit Ihrem Angebot zu tun haben soll. Der unterhaltende Effekt weicht schnell einer Ratlosigkeit, die möglicherweise in Verärgerung mündet. Typisch für Aphorismen ist zudem eine gewisse Hintersinnigkeit beziehungsweise Doppeldeutigkeit. Dies steht Ihrem Anliegen bzgl. klarer Aussagen jedoch entgegen. Vorsicht daher auch mit Sinnsprüchen.

Zitate

Rein oder nicht rein?

Mit Zitaten können Sie zweierlei erreichen: zum einen heften Sie sich etwas kulturellen Hintergrund ans Revers, zum anderen unterlegen Sie Ihr Produkt mit dem Image der zitierten Person. Das kann besonders dann gut ankommen, wenn das Zitat nur in einem übertragenen Sinn Bezug auf Ihr Produkt nimmt.

Sie sind ein Sprachinstitut und wollen mit einem Mailing Kunden auf sich aufmerksam machen. Sie flirten mit dem Gedanken an ein Zitat zum Einstieg ins Thema. Also blättern Sie in einem Zitatelexikon und finden zum Thema Sprache folgendes:

„Die wahre Heimat ist eigentlich die Sprache." (Wilhelm von Humboldt)

In Anlehnung an diesen Gedanken können Sie beispielsweise Ihr Sprachtrainings-Angebot anknüpfen. Oder Sie verkaufen Musik in regionaler Mundart. Aber so richtig originell ist das Zitat in beiden Fällen nicht. Wichtig bei der Verwendung von Zitaten ist der enge Bezug zum eigenen Anliegen.

- „Nur der Irrtum ist das Leben,
  und das Wissen ist der Tod." (Friedrich von Schiller)

Obwohl von Schiller und ein kluger Gedanke zum Thema Lernen, lockt auch dieses Zitat kaum eine Seele zur Fortbildung. Wer will schon sterben, nur um mehr zu wissen! Sie sehen: ein wirklich passendes Zitat zu finden kann mühsam sein.

Sprichwörter

Vorsicht: abgegriffen!

Sprichwörter eignen sich nicht so gut als Aufhänger wie Zitate. Wollen Sie ein Fortbildungsangebot mit diesem Sprichwort einleiten?

- „Was Hänschen nicht lernt, lernt Hans nimmermehr."

Oder mit diesen:

- „Ohne Fleiß kein Preis."
- „Wo Herz und Verstand zugleich sich regen,
  bringt der Fleiß Erstaunliches zu Wegen."
- „Wissen ist Macht."

- „Ein gutes Beispiel ist der beste Lehrmeister."

Passt alles irgendwie nicht so recht. Und als Geldinstitut werden Sie Ihre Sparkundschaft nicht umwerben mit:

- „Wer den Pfennig nicht ehrt, ist des Talers nicht wert."

Meinen Sie, das folgende Sprichwort verkauft auch nur einen einzigen Küchenherd?

- „Eigener Herd ist Goldes wert."

Wohl kaum. Sparen Sie sich die Mühe mit Sprichwörtern. Entweder sind sie abgegriffen, wirken belehrend, passen nicht recht oder sie sind flach – oder alles zusammen.

Auslassungen

Keine Spielchen

Mancher Verfasser von Werbebriefen beginnt mit einem bekannten Spruch, gewissermaßen als verbindendes Element, denn Gemeinsamkeiten fördern schließlich das Vertrauen. So weit so gut, jedoch ist mit den dabei häufig verwendeten Auslassungen vorsichtig umzugehen. Denn durch Auslassungen entstehen Lücken, die leicht zu Meinungsverschiedenheiten oder Missverständnissen führen.

Praxis-Beispiel

Leicht zu ergänzen?

- Was du nicht willst, das man dir tut, ...
- Wer andern eine Grube gräbt, ...
- Morgenstund hat ...

Der Leser wird kreativ beteiligt, den begonnenen Text zu vervollständigen. Aber vermeiden Sie unbedingt Besserwisserei. Lassen Sie Ihren Kunden nicht in die Falle der richtigen aber banalen Antwort tappen, um diese dann mehr oder weniger geistreich mit Ihrer eigenen, neuen Variante zu toppen. Er wird Ihrer Version nicht folgen, und fällt diese auch noch langweilig oder allzu konstruiert aus, ist es mit dem Interesse gleich ganz vorbei. Vorsicht also mit Auslassungen! Begleiten Sie Ihren Leser zu der richtigen Ergänzung, lassen Sie ihn diese quasi selbst entdecken. Die Botschaft muss jedoch unbedingt einen engen Bezug zum beworbenen Produkt haben. Sonst fehlt der Zusammenhang.

Die richtige Perspektive – so schreiben Sie kundenorientiert

Was interessiert den Kunden?

Warum es in jedem Fall zu vermeiden ist, den Leser aus der Ich-Perspektive anzuschreiben, wurde in Kapitel YY bereits erläutert, trotzdem passiert es immer wieder, dass man automatisch in den gewohnten Stil zurückfällt. Daher nochmals betont: Schreiben Sie nicht *von* sich und *über* den Empfänger, sondern versetzen Sie sich *in* den Empfänger und fragen sich, was diesen überzeugen kann, worüber er sich freuen würde und was ihn dazu bringen könnte, gerne Ihr Kunde zu werden.
Zählen Sie also Ihren Entwurf durch: wie oft steht da „wir“, „unser Name“, „unser Produkt“, „unser Service“? Und wie oft sprechen Sie vom Empfänger? Und wenn Sie von „ihm“ sprechen, tun Sie das mit Anweisungen, Ratschlägen, Besserwisserei? Oder billigen sie ihm Geist und Kompetenz zu?
Das Gegenteil von der Ich-Perspektive, die den Kunden kaum wahrnimmt, ist das Bemühen, es dem „König Kunde“ unbedingt recht machen zu wollen. Hierbei besteht die Gefahr eines profillosen Auftretens. Machen Sie klare Aussagen, Ihr Kunde möchte etwas „Greifbares“. Scheuen Sie sich daher nicht, selbstbewusst Ihre eigene Position zu behaupten. Der Kunde spürt sehr wohl, wo er süßen, klebrigen Honig ums Maul geschmiert bekommt – und wird es Ihnen nicht danken. Daher oberstes Gebot: Ehrliche, selbstbewusste Kommunikation in Augenhöhe.

Korrektorat: Niemals ohne!

Ganz zum Schluss

Nach den letzten(!) Korrekturen und Änderungen unterziehen Sie Ihr Mailing einer gründlichen Rechtschreibprüfung. Gehen Sie den Text Wort für Wort durch und prüfen Sie neben der Rechtschreibung insbesondere die

Zeichensetzung, Wortzwischenräume und Zeilenumbrüche. Vergessen Sie dabei nicht die Anschrift, das Datum und sämtliche Beilagen.

Betriebsblindheit

Am besten lassen Sie mehrere Personen Ihr Mailing kritisch durchlesen. Es ist ein altbekannter Effekt, dass der Verfasser seinen eigenen Fehlern gegenüber die größte Blindheit besitzt. Der Autor wird seine Fehler schon deshalb leichter übersehen als andere, weil er den Text wahrscheinlich schon zigmal durchgegangen ist und ihn daher nahezu auswendig kennt. Wichtig: nach dem letzten Lektorat keine weiteren Änderungen und Verbesserungen am fertigen Produkt. Allzu leicht schleichen sich sonst wieder neue Fehler ein.

Beliebt ist beispielsweise, dass der Layouter die Ränder des Schriftfeldes schnell noch mal anklickt und ein Fitzelchen auf das zugrunde liegende Raster verschiebt. Dadurch kann sich aber der Zeilenumbruch am rechten Rand verschieben und damit feste Trennstriche in die Zeilen rutschen, unsichtbare doppelte Blanks am Zeilenende ebenso. Und das sieht dann aus, als hätte man gar kein Korrekturlesen durchgeführt. Also Finger weg von korrigierten Texten!

Wie Sie Response-Elemente richtig einsetzen

Antworten leicht gemacht

Wenn Sie mit Ihrem Mailing nicht nur einen Imagegewinn oder Kundenpflege anstreben, dann möchten Sie, dass der Empfänger zum Kunden wird. Er soll sich über Ihre Produkte informieren, bestellen oder einen Gesprächstermin nutzen.

Das Eisen schmieden, solange es heiß ist.

Solange der Empfänger sich noch mit den Inhalten Ihres Schreibens beschäftigt, ist er auch begeisterungsfähig, lässt sich motivieren. Vertrauen Sie nicht darauf, dass er es zwei Tage später noch sein wird. Ihr potenzieller Kunde ist dann wieder in seinem Tagesgeschäft und wird inzwischen schon wieder von neuen, anderen Werbebotschaften angesprochen.

Sie haben also nur eine Chance. Und die nutzen Sie, indem Sie dem Interessenten klar vermitteln, was er tun kann und zu welchen Bedingungen. Sagen Sie ihm, welche Telefonnummer er zu welchen Gebühren und Zeiten nutzen kann, um seine Wünsche mitzuteilen. Nennen Sie möglichst den Ansprechpartner mit Namen und Funktion.

Experten-Tipp

Geben Sie klare Informationen

Jede noch so kleine Unklarheit kostet Sie Kunden. Achten Sie besonders darauf, dass Ihr Leser keine wesentliche Information vermisst. Lassen Sie keine Fragen offen. Fügen Sie eine Antwortkarte bei, die er mit geringem Aufwand ins Fax stecken oder – möglichst portofrei – an Sie senden kann. Alles muss ganz leicht und klar sein.

Jede Antwortform hat ihre Vorzüge

Wenn Sie Ihren Leser ausreichend motiviert haben, wird er spontan das Response-Element nutzen und Kontakt mit Ihnen aufnehmen. Genau nachdem er Ihre schlagkräftigen Argumente aufgenommen hat, wird er also aufgefordert nach dem Motto: „Lassen Sie sich diese einmalige Chance nicht entgehen!" Optional geben Sie die genaue Internet-Adresse an, unter der auf Ihrer Website vertiefende Informationen abgerufen werden können. Von dort aus kann der Interessent Sie auch per E-Mail kontaktieren. Die Website übernimmt dabei die Funktion von Prospektmaterial und sollte entsprechend gestaltet sein. Im Folgenden betrachten wir die unterschiedlichen Antwortmöglichkeiten und was es dabei im Detail zu beachten gilt.

Schriftliche Antwort – je einfacher, desto besser

Keine Frage: das Response-Element muss leicht und schnell erfassbar sein – komplizierte Modalitäten sind hier tabu. Mit einem Blick muss für den Kunden erkennbar sein,

- dass dies das Antwortformular ist,
- worum es in dem Angebot geht,
- was genau er bekommt,
- was es kostet,
- was er ausfüllen muss,
- wohin er das Ganze sendet.

Keine Fragen offen lassen

Gleich ob Antwortschein, -karte oder -fax, ob auf der Rückseite des Anschreibens, als Coupon am Seitenrand oder als separates Blatt: Kennzeichnen Sie das Response-Element als „Fax-Antwort„, „Bestellschein„, „Info-Scheck" oder „Gratis-Gutschein". Wenn es sich auf der Rückseite des Anschreibens befindet, so weisen Sie auf der Vorderseite darauf hin. Stellen Sie den zentralen Nutzen beziehungsweise Vorteil in den Vordergrund:

- Jetzt gratis das führende Managermagazin testen!
- Die besten Tipps der Profis – kostenlos zur Probe!
- Persönlicher Gratis-Gewinnscheck für Herrn Hans-Albert Argwohn!

Kennzeichnen Sie weiterhin die Stellen, an denen der Kunde etwas ankreuzen oder unterschreiben soll. Und drittens geben Sie gut lesbar die Fax-Nummer an, an die es gesendet werden soll. – Sinnvoller Weise nicht nur am oberen Seitenrand, der bei Eingabe der Nummer kopfüber im Gerät steckt.

Erteilen Sie kurze und klare Anweisungen, was genau zu tun ist. Geben Sie den Empfänger etwas an die Hand, um ihm das Antworten leicht zu machen. Der Kunde muss genau wissen, was er zu welchen Bedingungen wann bekommt, wie die Zahlung erfolgt und welche Sicherheiten er dabei hat. Weisen Sie ggf. auch auf eine erforderliche (zweite) Unterschrift hin. Vermeiden Sie dabei alles, was nach Verpflichtung klingt.

Machen Sie es so leicht wie möglich

Bei Rückumschlägen und Antwortkarten drucken Sie möglichst die Kundenadresse als Absender und natürlich Ihre Empfängeranschrift auf, um es dem Kunden leicht zu machen, und um Fehlleitungen zu vermeiden. Übernehmen Sie auch das Porto, so schaffen Sie ein weiteres Hindernis aus dem Weg. „Porto zahlt Empfänger" macht es Ihrem Kunden leicht zu antworten. Vergessen Sie nicht, auf den Rückumschlag über dem Adressfeld „Antwort" oder „Werbeantwort„ aufzudrucken. Wenn zudem die Adresse noch maschinenlesbar gestaltet ist, so spart Ihnen das einiges an Porto, denn Sie zahlen nur für die tatsächlich zurück gesandten Antworten den Normaltarif zzgl. 6 Cent, also zurzeit 61 Cent für den Antwortbrief und 51 Cent für die Antwortkarte. Prüfen sie auch, ob der Umschlag groß genug für das Antwortformular ist.

Alle Wege öffnen

Geben Sie auch Ihre Internetadresse und Ihre E-Mail-Verbindung an. Immer mehr Menschen nutzen das Internet, um sich zu informieren und Kontakt aufzunehmen – vorteilhaft für Sie, denn auch das spart Porto.

Auch ist zu überlegen, ob Sie eine Codierung anbringen wollen, um den Rücklauf exakt verfolgen zu können. Das bietet sich insbesondere an, wenn Sie mehrere Mailing-Aktionen, Varianten oder andere Akquisemaßnahmen parallel betreiben.

Auf den folgenden Seiten finden Sie ein zweiseitiges Antwortfax, das mehr Fragen aufwirft, als es Antworten liefert:

Praxis-Beispiel

Bitte ausfüllen und gleich an den Verlag zurücksenden!

Fax: 040 77777 – 222-333

Betreuende Werbeagentur **Kunde**

eMail: ____________________ ***wichtig!!*** Firma ____________________

Tel. / Fax: ________________________________ *(Durchwahl)*

Wir wollen ein Probeheft!

✍ Bitte rufen Sie mich an unter: ________________
✍ Bitte senden Sie mir die Media-Daten in Englisch per Post / eMail / Fax
✍ Bitte senden Sie mir ein Probe-Exemplar von UBA PROFESSIONELL 2001
✍ Bitte senden Sie mir ein Probe-Exemplar von UBA HEUTE 2001
✍ PLEASE SEND US ENGLISH INFORMATION

AUSSTELLER-ÜBERSICHT (kostenlos)

Wir veröffentlichen kostenlos in unserer Aussteller-Übersicht den Firmennamen Ihres Kunden mit Standort auf der UBA (Halle und Stand)! So wird Ihr Kunde schnell von den Besuchern gefunden!

Ganz einfach im Internet: www.ausstellerstand.com Login:
Passwort: siehe Seite 1

bitte machen Sie uns ein Angebot für:

☒ **UBA PROFESSIONELL** – die offizielle Händler Zeitung Auflage 444.000 Expl.

☒ **UBA HEUTE** – die tägliche, offizielle Messezeitung – Ges.aufl.: 888.000 Expl.

☒ 1/1 Seite ☒ 1/2 Seite ☒ 1/3 Seite ☒ 1/9 Seite ☒ 1/1 Seite ☒ 1/2 S. Anzeige
☒ Titelkopf-Anzeige ☒ Titelfuß-Anzeige ☒ Umschlag-Seite
☒ Gewinnspiel mit Anriss auf dem Titel
☒ Logo Hallenplan ☒ Promotion Werbung: z. B. Logo auf den Verteiler-Outfits

www.ubamesseveröffentlichungen.com

Letzter Einsendetermin 01.07.2001 An Fax-Nr **(0)40 / 77777-222-333**

Aussteller
Bitte Rechnungsanschrift angeben
Firma____________________ Ansprechpartner____________________
Plz / Ort____________________ Land / Telefon / Fax____________________

hr Ansprechpartner: **Ortrud Ollmann** **Tel. ++ 4940-7777-222-441 (Rückfragen)**
Halle / Stock / Stand-Nr. ID.Nr. Buchungs-Nr.

____

•**UBA PROFESSIONELL**– die Fachausgabe 4 Wochen vor der Messe
•Logo im Hallen-Plan

•**UBA HEUTE**– die tägliche, offizielle Messezeitung
•Logo im Hallen-Plan

Bestellung Preis (Euro)

Wichtige Bestellhinweise:

Als Druckvorlage wird Ihr Logo als tiff oder Eps Datei benötigt. Das Logo sollte ca. 4cm breit sein. Auflösung mindestens 300 dpi. Sie können die Druckvorlage s/w oder 4c anliefern.

Diese Druckvorlagen sind direkt an die email-Adresse: ortrud.ollmann@gmbh.de. de zu senden Als Einsendeschluss gilt der 01.07.2001

1. Veröffentlichung Ihres Firmen-Logos in der offiziellen Messe. Zeitung FA PROFESSIONAL und HEUTE zur UBA -

Veröffentlichung Ihres Firmen-Logos in der offiziellen Messe- Zeitung FA PROFESSIONAL und HEUTE zur UBA 2001.

	BUCHUNG		Korrektur (BITTE BEACHTEN SIE die HINWEISE, wie Ihr Logo angeliefert werden muss)
1.1 ☒	*Das Logo ist korrekt* Unser Logo soll im Hallen-Plan der FA PROFESSIONAL Messe-Zeitung zur internationalen Funkausstellung 2003 (l Ausgabe) erscheinen!	☒	*Das Logo ist NICHT korrekt* 111,-- EURO Es kommt neu ocr email Unser Logo soll im Hallen-Plan der UBA PROFESSIONAL Messe-Zeitung zur internationalen Funkausstellung 2003 (l Ausgabe) erscheinen!
1.2 ☒	Das *Logo ist korrekt* Unser Logo soll im Hallen-Plan der UBA HEUTE Messe-Zeitung 2001 in allen 7 Ausgaben erscheinen.	☒	*Das Logo ist NICHT korrekt* 222,-- EURO Es kommt neu per email Unser Logo soll im Hallen-Plan der UBA HEUTE Messe-Zeitung 2001 in allen 5 Ausgaben erscheinen.
1.3 ☒	*Das Logo ist korrekt (KOMBI)* Unser Logo soll im Hallen-Plan der UBA PROFESSIONAL und der UBA HEUTE 2001 erscheinen.	☒	*Das Logo ist NICHT korrekt (KOMBI)* 333,-- EURO Es kommt neu per email Unser Logo soll im Hallen-Plan der UBA PROFESSIONAL und der UBA HEUTE 2001 erscheinen.

1.4 ☒ *Wir wollen nicht, dass unser Logo in den UBA Messe-Zeitungen erscheint.*

IST IHR LOGO SO KORREKT? BITTE ZURUCKFAXEN AN (0)40 77777-222-333. Danke.

Ihr Kunde

Bitte geben Sie nochmals Halle und Stand an!
Wir stellen aus in HALLE: ________________STAND: ________________

Ort, Datum, rechtsverbindliche Unterschrift / Firmenstempel

Es muss eine Sache von Sekunden sein: erkennen, ausfüllen, absenden. Fertig! Alles andere mutet man sich nur zu, wenn es um Dinge geht, die man unbedingt braucht.

Keine Antworten ausschließen

Bieten Sie daher vorformulierte Antwortmöglichkeiten zum Ankreuzen an. Bedenken Sie dabei unbedingt alle Varianten! Denn wenn der Kunde zwar antworten will, aber seine individuelle Antwort nicht zur Auswahl steht, wird er Abstand nehmen. Bieten Sie daher für Sonderfälle und -wünsche auch eine Zeile für eigene Einträge an und gestalten Sie diese ausreichend großzügig!

Gestalten Sie das Antwortformular einfach:

- Wo fülle ich aus? Hier ankreuzen.
- Welches Produkt wähle ich aus? A oder B! – Nicht: A, B, C, D oder doch lieber E!
- Wofür ist die zweite Unterschrift? – Reicht nicht eine?
- Wohin soll ich das jetzt schicken? – Einfach ins Faxgerät, Nummer während der Eingabe gut lesbar positionieren!
- Für Faxantwort einfache s/w-Gestaltung für schnelle Datenübertragung wählen.
- Welche Möglichkeiten habe ich zu bezahlen? – Ankreuzen!
- Lassen Sie Ihren Kunden nicht im Unklaren über Nebenkosten für Porto, Verpackung, Versand.
- Kann ich das Produkt individuell zusammenstellen? – Nach der Produktwahl individuelle Gestaltungswünsche anbieten: blau, grau oder schwarz!
- Passt das Angebot zu meinem Bedarf? – Kundenberatung anbieten!
- Garantien des Anschreibens auf dem Antwortformular wiederholen!
- Geben Sie Entwarnung: Vertreterbesuch nur auf ausdrücklichen Wunsch!
- Personalisierung auch des Response-Elements, eigene Anschrift auf Antwortkarte oder Rückumschlag.

Drei Antworten zur Auswahl

FAX-ANTWORT

Gebongt. Wir bestellen hiermit …….. Exemplare der Präsentationsfaltwand in folgenden Größen …………… zum Aktionspreis von XXX,– Euro.

Ja, wir wollen! Doch vor der Bestellung bitten wir um eine Vorführung mit ausführlicher Beratung.
Kontaktieren Sie zur Vereinbarung eines Termins Frau Weinbach unter der Rufnummer ……………………….

Zu schade. Wir können dieses tolle Angebot gerade nicht nutzen, da wir schon über ein nahezu perfektes Präsentations-Equipment verfügen. Informieren Sie uns aber bitte weiterhin über neue Präsentationssysteme.

Antwort bitte per Fax an 01234-455678.

Auftragsformular

Auftrag

Ja, wir wollen von den Vorteilen der Internet-Präsentation profitieren und erteilen den Auftrag zur Veröffentlichung unter www.branchenverzeichnis.brd.

Der Preis hierfür beträgt jährlich XXX Euro zzgl. gesetzliche MwSt.

Kunden-Nummer ______________________
Firma ______________________
Branche ______________________
Straße, Nr. ______________________
PLZ, Ort ______________________
Telefon ______________________
Fax ______________________
E-Mail ______________________
Homepage ______________________

Die Präsentation beinhaltet ohne Mehrkosten Ihr farbiges Logo!

Wir möchten unter folgenden Suchbegriffen gefunden werden:

1. Suchbegriff ______________________
2. Suchbegriff ______________________
3. Suchbegriff ______________________

______________ ______________
Ort/ Datum Unterschrift

Zurück an den Verlag unter Fax: 01234-56789

Response über Coupon

Sehr geehrte Feinschmecker in Hummelburg,

Sie möchten Ihren Geschäftspartnern zu **Weihnachten** etwas Gutes tun?

Wie wäre es diesmal mit einem Spezialitäten-Korb randvoll mit den Genüssen dieser Welt:

Skellig-Lachs aus **IRL**, Cheddar aus **GB**, Foie Gras aus **F**, Trüffel-Öl aus **I**, Puszta-Wurst aus **H**, Sauvignon Blanc aus **NZ ...**

und viele weitere **Spezialitäten aus aller Welt**. Wir beraten Sie gerne und übernehmen auf Wunsch auch Verpackung und Versand.

Übrigens: Unsere feine Küche hält **täglich drei köstliche Gerichte zur Auswahl** für Sie bereit – auch mit telefonischer Vorbestellung und zum Mitnehmen. Ob kleine Zwischenmahlzeit oder Mittagstisch: **Spezialitäten für jede Gelegenheit**.

Für die kleinen und großen, geschäftlichen und privaten Anlässe im Leben bieten wir Ihnen unseren **Partyservice**. Lassen Sie sich traumhafte Platten zusammenstellen!

Bringen Sie doch einfach den **Gutschein** mit zum Kennen lernen. Das Weitere besprechen wir dann bei Lachs und Champagner.

Ihr Delikatessen-Schröder

Gutschein

für Lachs und Champagner zum Kennenlernen

(Coupon bitte einfach beim nächsten Besuch mitbringen)

Bei der Verwendung von Coupons geben Sie einen Handlungsanreiz, nämlich ausschneiden und einsetzen, um den versprochenen Vorteil einzulösen. Bedenken Sie dabei jedoch, dass dies auch ein Hindernis sein kann. Hier bietet sich alternativ die formlose Einladung an, bei der der Kunde auch ohne Coupon sein „Begrüßungsgeschenk“ erhält.

Experten-Tipp

Anreize zum Ausfüllen schaffen

Ein kleiner Trick hilft bei der Motivation zum Ausfüllen des Antwortelements: beschriften Sie ein Ankreuzfeld mit: „Ja, ich möchte einen der 33 Goldbarren gewinnen!“, dann ist dies ein schöner Anreiz fürs erste Kreuz – und ist der Stift schon mal zur Hand, dann werden die anderen Felder gleich mit ausgefüllt! ◂

Ein weiterer Tipp ist die Bestätigung der persönlichen Daten: „Ja, mein Name und die Adresse stimmen so!“ Na dann: ein Kreuz hier und dann weiter zu den anderen!

Experten-Tipp

Höherer Rücklauf bei Einladungen

Sprechen Sie eine Einladung aus, sollten Sie die Antworten – positiv formuliert – vorgeben. ◂

Das folgende Beispiel zeigt ein Mailing mit zielgruppenspezifischen Response-Elementen. Ein großes Luftfracht-Unternehmen möchte Kunden, Interessenten und Presse mit Mailings zur Fachmesse einladen. Im Briefing werden folgende Vorgaben gemacht:

- Der Stil soll im Booking-Jargon gehalten sein und Lesefreude vermitteln.
- Die Grundaussage des Mailings ist: Wir sind auf der Messe, besuchen Sie uns. Nutzen Sie die Faxantwort für eine Terminvereinbarung.
- Nebenbei wird die neue Firmen Corporate Identidy eingeführt: neue Inhalte und Qualität sollen spürbar sein. Auch werden Informationen zu neuen Services angekündigt.
- Das Response-Element ist im Design der Stückgutanhänger/ Frachtzettel gestaltet.

Messeeinladung an Stammkunden

Ihre persönliche Einladung zu Cargo Experts

Sehr geehrte Frau Dornier,

als kleines Dankeschön für Ihr Vertrauen erhalten Sie zwei Vouchers für Ihren Besuch der transport logistic 2000. Gerne würden wir dort mit Ihnen persönlich – abseits des Tagesgeschäfts – über Neuigkeiten der Branche sprechen. Treffen Sie unsere Fach- und Führungskräfte und lassen Sie sich über die neuen Express-Services und über die Hintergründe unseres weiterentwickelten Unternehmensbildes informieren – selbstverständlich mit einer kleinen Erfrischung.
Wir freuen uns auf Ihren Besuch! Wann dürfen wir Sie vormerken?

Mit freundlichen Grüßen

Horst Welteke
Customer Support

Response-Fax

Ich werde Sie am Stand 334/A2 in Halle 8 besuchen, voraussichtlich am …… Mai gegen …… Uhr

Leider kann ich den Messetermin nicht wahrnehmen
Nehmen Sie deshalb bitte Kontakt mit mir auf:
per E-Mail
telefonisch
per Fax
Ich möchte Infomaterial über die neuen Express-Leistungen.

Spedition Hammerfest
Sigrun Mauerer
Kapellenweg 11
11222 Neuenburg
Tel. 01122-98 98 98
Fax 01122-98 98 95
s.mauerer@hammerfest.com

Gibt es Änderungen in Ihrer Anschrift oder Tel./ Fax/ Mail?

Fax-Antwort an 040 – 55 66 77 88 99

Einladung an kooperierende Unternehmen

Zuverlässig schnell – weltweite Services von Cargo Experts

Sehr geehrter Herr Drieseling,

wir möchten Sie einladen zu einem persönlichen Kennen lernen auf der transport logistic. Dort erfahren Sie auch mehr über unsere weltweiten Express-Services und die Vorteile des elektronischen Buchungssystems. Und Sie können prüfen, ob wir nicht auch für Ihre ganz speziellen Transportaufgaben den passenden Service anbieten. Wenn Sie uns bis zum 10. April mit dem Response-Fax Ihren Besuchstermin nennen, lassen wir Ihnen für diesen Tag gerne zwei Vouchers zukommen. Wir freuen uns auf Ihren Besuch!

Mit freundlichen Grüßen

Horst Welteke
Customer Support

Response-Fax

Ich werde Sie am Stand 3/12 in Halle A besuchen, Datum: ...... Zeit: ...... Uhr

Leider kann ich den Messetermin nicht wahrnehmen

Nehmen Sie deshalb bitte Kontakt mit mir auf:

per E-Mail

telefonisch

per Fax

Ich möchte Infomaterial über die neuen Express-Leistungen.

Ich interessiere mich für das neue Buchungssystem.

Firma ____________________

Name ____________________

Fax-Antwort an 040 – 55 66 77 88 22

Einladung an Pressevertreter

Presse-Talk mit dem Vorstand

Sehr geehrtes Redaktionsteam,

unsere Fach- und Führungskräfte laden Sie anlässlich der transport logistic ein, sich bei Cargo Experts über die neuesten Entwicklungen auf dem internationalen Lufttransportmarkt zu informieren. Im Pressegespräch steht Ihnen der Vorstand persönlich Rede und Antwort.
Die zentralen Themen sind unsere neuen Express-Services, das kundenfreundliche Angebot der elektronischen Buchung sowie Idee und Perspektive unseres weiterentwickelten Unternehmensbildes.
Wir freuen uns auf Ihren Besuch!

Mit freundlichen Grüßen

Egon Frühauf
Public Relations

Response-Fax

Ich werde Sie am Stand 34/812 in Halle 6 besuchen.
Mein gewünschter Termin ist:
15.5. 10 Uhr
16.5. 13 Uhr
Leider kann ich den Pressetermin nicht wahrnehmen.
Ich hätte gerne Ihre Pressemappe zu den oben angesprochenen Themen.

______________________	______________________	______________________
Zeitung/Magazin/Sender	Name/Position	Telefon/E-Mail

Fax-Antwort an 040 – 55 66 77 88 22

Nicht jeder hat ein Faxgerät

Bei Privatpersonen ist grundsätzlich auch eine postalische Antwortmöglichkeit vorzusehen, denn nicht jeder hat zuhause ein Faxgerät. Das bedeutet bei einem Brief, auch einen adressierten Rückumschlag beizulegen. Günstiger und leichter zu handhaben ist die Antwortkarte, besonders wenn diese lose beiliegt. Der Brief bietet dagegen mehr Platz für weitere Bestellmöglichkeiten und Produktdarstellungen. Außerdem wichtig: die Diskretion – besonders in den Branchen Finanzen, Gewinnspiel, Gesundheit und Erotik. Gleich welches Format, denken Sie daran, Ihre eigene Adresse an entsprechender Stelle – passend für Fensterkuverts – einzudrucken.

Wichtig: verwirren Sie Ihre Leser nicht damit, dass auf der Antwortkarte plötzlich völlig neue Informationen auftauchen. Wiederholen Sie die wesentlichen Bedingungen und den Preis sowie Garantien. Dazu eignet sich sehr gut die Verlängerung der DIN A6-Karte zum DIN-lang-Format des normalen Briefkuverts. Weisen Sie diese Verlängerung der Karte als Garantiecoupon oder als Quittung aus, so gibt das dem Antwortenden Sicherheit, nach der Antwort etwas „in der Hand" zu behalten.

Vorab ausfüllen?

Überlegen Sie auch, ob Sie die Adresse des Absenders bereits vorgeben wollen, oder ob Sie ihn selbst ausfüllen lassen. Diese Frage berührt einerseits den Personalisierungsaufwand beim Druck, zweitens den Zeitbedarf des Kunden fürs Ausfüllen, und drittens die Korrekturmöglichkeit durch den Absender. Eine Variante: Sie drucken die Firmenadresse ein und lassen den Ansprechpartner seinen Namen nachtragen. So wissen Sie gleich, wer Ihr aktueller Ansprechpartner beim Kunden ist.

Freivermerk

In diesem Zusammenhang stellt sich allgemein die Frage der Frankierung. Was ist empfehlenswert, in das Feld für die Briefmarke zu drucken:

- Mit 0,55 Euro freimachen!
- Bitte mit 45 Cent freimachen!
- Bitte freimachen!
- Bitte ausreichend frankieren!
- 55 Cent, die sich lohnen!
- 45 Cent für Ihren Erfolg!
- Bitte freimachen, falls Marke zur Hand!
- „ – (nichts) – „
- Porto zahlt Empfänger!
- Das Porto zahlen wir!
- Nicht freimachen!!

Welche Variante halten Sie für die ansprechendste? Machen Sie das Antworten für Ihre Kunden und Interessenten attraktiv – lassen Sie sie nicht auf den Portokosten sitzen.

Für die Faxantwort gilt entsprechend: machen Sie das Antworten für den Interessenten nicht unnötig teuer. Fotos und dunkle Flächen verlängern die Übertragungszeit und verursachen damit höhere Kosten.

Experten-Tipp

Empfehlungen

- Lassen Sie das Briefmarkenfeld einfach unbeschriftet frei und überlassen Sie es dem Absender – er wird das Porto übernehmen.
- Geben Sie unmissverständlich bekannt: „Sie sind uns wichtig – das Porto übernehmen wir!"
- Oder gehen Sie noch einen Schritt weiter und legen einen bereits frankierten Umschlag bei. Sicherlich der kostspieligste Weg, aber von hohem Überzeugungswert. Schließlich signalisieren Sie, dass Ihr Kunde Ihnen diese Investition wert ist und dass Ihnen seine Antwort wichtig ist. Der Rücklauf wird entsprechend höher ausfallen. Eine Einladung lehnt man schließlich nicht so leicht ab. – Umgekehrt riskieren Sie dabei Briefmarkenklau oder unqualifizierte Bestellungen von Info-Material. Dieser Weg ist folglich sehr stark in Abhängigkeit von der Zusammensetzung Ihrer Zielgruppe und vom konkreten Angebot zu sehen. ◂

Response-Verstärker – für mehr Rücklauf

Jedes gelungene Element verstärkt

Der Begriff Response-Verstärker hat für Sie als Verfasser perfekter Werbebriefe keine Bedeutung, denn was bereits optimal gestaltet ist, kann nicht verstärkt werden. Alle Elemente Ihres Werbebriefes sind Response-Verstärker, wenn sie gut entworfen sind. In der Fachliteratur werden unter diesem Begriff Maßnahmen zusammengefasst, die den Rücklauf erhöhen sollen, indem sie das eigentliche Angebot mit einem zusätzlichen Anreiz versehen. Dazu gehört die Verwendung einer Headline, eines PS und des Empfängernamens – durchaus auch wiederholt im Text und auf dem Antwort-Element. Eine optimale Gestaltung des – frankierten – Response-Elements mit (wenigen!) vorformulierten Antworten und Freivermerk ist eine zusätzliche Erleichterung für den Empfänger zu reagieren. Weitere Elemente, um die Reaktionsschwelle zu senken, sind: Mehrwertversprechen, Rabatte, Gewinnspiele, Garantiezusagen, Reizwörter (Neu! Exklusiv! Gratis! Vorteil! Rendite! etc.) und Bilder mit Darstellung des Kundennutzens.

Experten-Tipp

Erfolgreiche Reizwörter

Alles was Glück und Erfüllung der Kundenwünsche verspricht, weckt Interesse für Ihren Werbebrief. Zentrale Begriffe sind hier: Zukunft, Gewinn, Sicherheit, Gesundheit, Liebe, Schönheit, Genuss, Anerkennung. Verwenden Sie entsprechende Begriffe aus diesen Themengebieten, die den Bezug zu Ihrem Produkt herstellen, an zentraler Stelle wie in der Headline und im PS.

Antwort per Telefon: Darauf sollten Sie achten

Spontan werden Sie vermutlich sagen, dass die Hauptsache ist, durch das Direct Mailing möglichst viele Kunden zu gewinnen. Egal über welche Kommunikationswege. Doch was passiert, wenn der Kunde tatsächlich mit Ihnen Kontakt aufnimmt? Wie wollen Sie ihn fachlich und organisatorisch betreuen? Vor allem: allein werden Sie das kaum schaffen.

Vorbereitung erforderlich

Die schriftliche Antwort per Post und Fax hat Vorteile: die Antworten können leicht gesammelt und gebündelt ausgewertet werden. Es entstehen keine großen Anforderungen an die Mitarbeiter. Dagegen ist der telefonische Rücklauf mit erhöhtem organisatorischen und fachlichen Aufwand verbunden: je nach Umfang der Mailing-Aktion und des zu erwartenden Rücklaufs müssen Sie ein Call-Center einrichten oder extern beauftragen. Mitarbeiter müssen möglicherweise im Telefonmarketing geschult werden, Gesprächsformulare zur Protokollierung der Kundenreaktionen sind vorzubereiten, die Auswertung und die prompte Bearbeitung sind zu organisieren.

Vorteil: individuelle Beratung

Ein spezieller Aspekt bei telefonischem Kundenkontakt ist der, dass im Laufe des Gesprächs recht individuelle Anforderungen seitens des Kunden auftauchen können. Das ist der große Vorteil des telefonischen Kontaktes: Ihre Mitarbeiter können ganz individuell auf den jeweiligen Kunden eingehen und auch Bedürfnisse feststellen, die durch ein versendetes Antwortformular nicht berücksichtigt würden.

Der Nachteil: die Auftragsabwicklung ist komplizierter und um einiges zeitaufwändiger. Wenn Sie auf einem Antwortformular zwei Modelle zum Ankreuzen anbieten, ist die Bearbeitung vergleichsweise einfach. Wenn aber im Telefonat sämtliche Sonderwünsche, Extras und Varianten aufgenommen werden, erfordert das in der Regel eine gründliche Vorbereitung der beteiligten Mitarbeiter.

Nachteil: hoher Aufwand

Die Frage ist, wie deutlich Sie auf die telefonische Antwortmöglichkeit verweisen wollen. In Ihren Absenderdaten stehen ohnehin Ihre Telefon- und Faxnummer und meist auch eine E-Mail-Adresse. Das heißt, jeder kann mit Ihnen telefonisch Kontakt aufnehmen. Falls Sie ein Antwortblatt beifügen, fokussieren Sie auch in Ihren Formulierungen auf die schriftliche Antwort und verzichten Sie auf den Zusatz: „oder rufen Sie uns an unter…“. Das mag banal klingen, aber es ist ganz wichtig, darüber vor der Versendung – und vor dem Druck! – klare Vorstellungen zu entwickeln, wie der Rücklauf kanalisiert werden soll.

Response gleich kanalisieren

Bedenken Sie, ob genügend und ausreichend qualifizierte Telefonkräfte zur Verfügung stehen, um den – vermutlich direkt nach der Versendung verstärkten – Anruferstrom zu bewältigen. In den ersten zwei Tagen können bereits über 80 % aller Anfragen auf Sie zukommen. Außerdem stellt sich die Frage der Auswertung. Haben Sie nur schriftliche Antworten vorliegen, können Sie diese leicht auswerten. Kommen jedoch unterschiedliche, handschriftliche Telefonnotizen hinzu, fällt die Übersicht schwerer. Ein Vordruck für das Dokumentieren der Telefonanfragen ist hier hilfreich.

Response-Spitzen bewältigen

Fragen Sie sich auch, ob Ihre Zielgruppe gerne telefoniert, nicht jeder spricht gerne mit jemandem, den er nicht sieht. Überdies scheuen viele Kunden neben den Kosten des Anrufs, von geschulten Verkäufern irgend etwas aufgeschwatzt zu bekommen.

Vorbehalte?

Favorisieren Sie die Antwortmöglichkeit per Telefon, dann bieten Sie eine kostenlose oder zumindest kostengünstige Service-Nummer an und weisen Sie in Ihrem Mailing deutlich darauf hin. Sorgen Sie für eine ausreichende Anzahl freier Telefonleitungen, fachlich und kommunikativ gut geschultes Personal und bereiten Sie ein Formular zur Aufnahme der Bestellung beziehungsweise Dokumentation der Anfrage vor, um den Kundenbetreuern eine prompte Bearbeitung der Anfragen zu ermöglichen. In Warteschleifen sterben Ihre Umsätze!

Kosten und Erreichbarkeit

Direktkontakt herstellen

Geben Sie immer die Durchwahl des Kundenbetreuers möglichst mit Namen an. Der Anrufer möchte gerne schon vor seinem Anruf wissen, wer am anderen Ende der Telefonleitung für ihn zuständig ist. Verwenden Sie nicht die Nummer der Zentrale! Eine einmalige Weitervermittlung kann intern eventuell erforderlich sein und wird in der Regel auch verziehen, zwei Mal weitervermittelt zu werden ist jedoch schon nicht mehr amüsant und wer drei Mal in einem Haus verbunden wird, legt vielleicht frustriert wieder auf. Schaffen Sie also direkte Verbindungen und klären Sie eindeutig die hausinternen Zuständigkeiten.

Sie sehen, es erfordert einige Planung und finanziellen Einsatz, um potenzielle Kunden nicht auf den letzten Metern zu verlieren. Wahrscheinlich werden jetzt viele den telefonischen Responseweg nicht mehr so selbstverständlich sehen wie noch wenige Stunden zuvor.

Experten-Tipp

Beachten Sie beim Telefonmarketing:

Lassen Sie nur geschulte Fachleute Telefonmarketing betreiben. Diese müssen zudem ausführlich auf die Besonderheiten Ihrer Produkte und Ihres Angebotes hin informiert werden. Setzen Sie unvorbereitete Mitarbeiter ein, so droht durch die Telefonaktion mehr Schaden als Erfolg. Halten Sie ausreichend viele Leitungen und Ansprechpartner bereit. Sorgen Sie für günstige Tarife für den Anrufer. Bereiten Sie unbedingt auch ein Formular für das vor, um Einzelheiten des Gesprächs festzuhalten und anschließend alle Ergebnisse einheitlich auswerten zu können. ◂

Gesprächsprotokoll

Die folgenden Musterformulare für eingehende und ausgehende Telefonate können Sie leicht auf Ihre Erfordernisse anpassen.

Gesprächsprotokoll Inbound

entgegen genommen von: .... (Name Tele-Agent)

Anruf: Datum:.........../Uhrzeit:..............

Firma: ....

Reaktion auf: Brief/E-Mail/Anruf am: ....

Ansprechpartner: Herr/Frau: .... Tel: ....

Position/zuständig für: ....
Entscheidungsträger: ....

im Haus/Zentrale in: ....
Interesse an: ....

Weiteres Vorgehen: ....

☒ Bestellung: .... Stück, Artikel: ....
Ausführung: ....

Farbe: ...., Größe: ....

☒ Termin mit dem Chef/Außendienst am: ....

☒ Broschüre, Infomaterial: ....

Sonstiges: ....

CD-ROM

Gesprächsprotokoll Outbound

1. Versuch: Datum: ..../ Uhrzeit: ....
2. Versuch: Datum: ..../ Uhrzeit: ....
3. Versuch: Datum: ..../ Uhrzeit: ....

Firma: ....

Bereits schriftlich kontaktiert: per Brief/E-Mail am: ....

Ansprechpartner Herr/Frau: .... Tel: ....

Position/zuständig für: ....

Entscheidungsträger:...............................

im Haus/Zentrale in:...............................

Festgestellter Bedarf:...............................

Interesse an:..

Vereinbart:...

☒ E-Mail an:......................................

☒ Flyer an:...

☒ Nochmals anrufen am:........................

☒ Termin mit dem Chef vorgeschlagen am: KW..........

☒ Nur bei konkretem Bedarf und großem Interesse: Broschüre

Sonstiges:...

Eine gute Gestaltung hilft verkaufen

Der Brief als Firmenrepräsentant

Layout und sprachlicher Stil ersetzen beim Mailing den Firmenrepräsentanten im persönlichen Kontakt. Anhand des optischen Eindrucks und des sprachlichen Ausdrucks entsteht beim Empfänger also ein Bild vom Absender.

Experten-Tipp

Alles gehört zusammen

Vermitteln Sie optisch und sprachlich einen schlüssigen Eindruck.

Das Seitenlayout umfasst den Seitenaufbau, die verwendeten Elemente, Farbgebung, Typografie und den Satzspiegel. Betrachten wir also, welchen Einfluss die einzelnen Faktoren auf die Wirkung unseres Werbebriefes haben.

Typografie: Lesbarkeit zählt!

Tausende von Schriften

Wenn Ihre Corporate Design-Richtlinien Vorgaben zum Gebrauch bestimmter Schrifttypen für bestimmte Einsatzzwecke machen, so sind diese grundsätzlich vorrangig zu berücksichtigen. Wenn Sie in der Verwendung frei sind, so haben Sie die Auswahl aus zahlreichen mehr oder weniger gut lesbaren Schriften. Für Mailings eignen sich sowohl Serifenschriften (z. B. Times, Courier) als auch serifenlose Schriften (z. B. Arial, Verdana). Serifen sind die Buchstabenfüße, die den Lesefluss entlang der Grundlinie begleiten. Eine Besonderheit sind Schreibschriften. Diese müssen gut lesbar sein und daher relativ groß gewählt werden. Das zwingt Sie zu einem kurzen Text. Auch ist es möglich, Ihre eigene Schreibschrift in der Optik blauer Füllfedertinte zu drucken. Eine sehr persönliche Lösung.

Grenzen der Lesbarkeit

Arial, Helvetica und andere Groteskschriften gelten als die neuen Klassiker der PC-basierten Texte. Times ist die typische Zeitungsschrift, Courier kennen wir von der Schreibmaschine. Daher wirken Briefe in Courier auch wie von Hand auf der Maschine getippt, was ein gewollter Effekt sein kann.

Wie Sie im Beispiel sehen, erscheinen die Serifenschriften (auch „Antiqua“ genannt) kleiner als die Serifenlosen („Grotesk“). Ein komfortables Lesegefühl stellt sich bei einem DIN A4-Brief zwischen 11 und 12 pt ein, abhängig von Zeilenbreite und -abstand. Das absolute Minimum für Brieftext liegt bei 9,5 pt (3,6 mm), darunter sollten Sie nicht gehen.
Die Spaltenbreite soll bei einer 12-Punkt-Schrift nicht mehr als 178 mm betragen, bei 11 pt 142 mm und bei 10 pt entsprechend 125 mm. Der rechte Rand soll nicht zu knapp bemessen sein, 25 mm gelten als ausreichend. Speichern Sie Ihr Mailing mit verschiedenen Schriftgrößen ab und drucken Sie Muster aus. Die Wirkung des Schreibens wird jeweils sehr differieren!

Arial 10 pt	Times 10 pt
Arial 11 pt	Times 11 pt
Arial 12 pt	Times 12 pt
Arial 13 pt	Times 13 pt
Arial 14 pt	Times 14 pt

Sonderschriften

Die verwendete Schrift muss zum Logo und zur Schrifttype im Geschäftspapier passen. Sonderschriften können je nach Produkt und Zielgruppe eingesetzt werden, sollten aber die Ausnahme bleiben. So ist es denkbar, die Comic-Sammler mit einer typischen Sprechblasenschrift auf die Tauschbörse aufmerksam zu machen: ***BOINKKK!*** Und die Einladung zu einer Badeseeparty kann in einer entsprechend spritzigen Schrifttype erfolgen. Es gibt unzählige Schriften, mit den wenigen Klassikern sind Sie jedoch in den allermeisten Fällen bestens beraten. Denn nicht jeder wohnt auf der **PONDEROSA**, wo diese Schrift hingehört.
Widerstehen Sie unbedingt der Versuchung, mehr als zwei Schriftarten zu mixen. Das Ergebnis wirkt unprofessionell und erschwert obendrein den Lesefluss. Auch sollten nicht mehr als drei Schriftschnitte (light, regular, bold) verwendet werden.

Textliche Gestaltungsmittel

Wenn Sie die Schlagzeile etwas reißerisch gestalten wollen, eignet sich hier der Einsatz einer fett und groß gesetzten serifenlosen Schrift wie in Boulevardblättern. Oder Sie verwenden einen handschriftlichen Eintrag, ebenfalls größer als die Druckschrift und eventuell in Signalfarbe.

Zeilenabstand: normal ist einzeiliger Abstand, bei kurzen Texten kann die Seite durch 1,5-zeiligen Abstand besser gefüllt werden.

Handschriftliches: persönliche Mitteilungen, „spontane" Anmerkungen, Randnotizen. Eine handschriftliche Schlagzeile über der Anrede vermittelt den Eindruck, der Verfasser habe das Schreiben persönlich mit einer wichtigen Aussage überschrieben. Bei mehreren handschriftlichen Elementen, wie Randbemerkungen, Hervorhebungen und Unterschrift, verwenden Sie möglichst nur einen Schriftstil und eine Farbe, damit das Layout nicht zu unruhig wird.

Post-it-Notes: ein aufgeklebter Zettel mit einer persönlichen Mitteilung oder freundlichen Grüßen kann durchaus einen positiven Akzent setzen, ist jedoch stark von dem stilistischen Gesamtkonzept abhängig. Post-it-Notes haben „von Haus aus" eine Erinnerungsfunktion und können natürlich auch zu diesem Zweck hervorragend eingesetzt werden.

Textmarker: lockern das Schriftbild auf und helfen beim Überfliegen, die wesentlichen Punkte leicht zu erkennen. Es besteht jedoch die Gefahr, dass der Leser nur das Markierte liest und die Lektüre dann beendet. Wie bei allen anderen Sonderformen im Schriftbild gilt auch hier: sparsam verwenden, um die Wirkung nicht aufzuheben!

Versalien: Mehr als 3 – 5 Wörter oder gar ganze Sätze in Großbuchstaben haben eine überdeutlich hervorhebende Wirkung und erschweren die Lesbarkeit. Empfehlenswerte Alternativen sind Fettstellung oder Einrückung.

G e s p e r r t gesetzter Text ist ebenso wie Versalien schlecht lesbar und sollte nicht verwendet werden.

Fett gesetzte Textteile: heute die am häufigsten verwendete Form der Hervorhebung, quasi die Schwarzweiß-Variante des Textmarkers. Sollte aber nur sparsam eingesetzt werden.

Untersteichungen haben einen amtlichen, behördlichen Charakter. Man assoziiert dabei jemanden, der mit einem Lineal eine Linie unter den Text zieht. Irgendwie altmodisch.

Kursiver Text hebt sich ab, ist allerdings je nach Schriftart manchmal weniger gut lesbar. Wie bei Unterstreichungen ist auch hier die Fettschrift vorzuziehen.

Linksbündiger Flattersatz ist in Briefen üblich, Blocksatz ist dagegen eher aus Büchern und Zeitungen bekannt. Ein Werbebrief mit Blocksatz wirkt wie ein PR-Artikel oder eine Pressemitteilung.

Gliederungspunkte/Spiegelstriche: möglichst auf einer Seite nur ein Mal verwenden, sonst leidet die Übersichtlichkeit.

Einrückungen: etwas nach rechts eingerückter Text sticht in der Seitenübersicht hervor. Werden längere Passagen eingerückt, so geht die Wirkung jedoch verloren – ebenso wie Raum durch die kürzeren Zeilen!

Experten-Tipp

Lesbarkeit wichtiger als Abwechslung

Sie selbst kennen den Inhalt Ihres Schreibens bereits und neigen vielleicht dazu, es gestalterisch „aufzuwerten". Bedenken Sie jedoch, dass für den Leser alles neu ist. Machen Sie es ihm nicht unnötig schwer, sich auf den Inhalt zu konzentrieren. Hervorhebungen am besten mit Fettdruck, jedoch nur das Wichtigste: Schlagzeile, PS und Kundennutzen. ◂

Wenn Sie grafische Elemente einsetzen wollen

Logo macht wiedererkennbar

Ihr Firmenlogo dient der Wiedererkennung Ihres Unternehmens und sollte auf jeden Fall abgebildet sein. Normalerweise ist es auf Ihrem Geschäftspapier bereits aufgedruckt. Wahlweise können Sie aber auch neutrales Papier verwenden, um im Seitenlayout flexibel zu sein. Achten Sie in diesem Fall auf eine gestalterische Anlehnung an Ihren üblichen Firmenauftritt (Corporate Design), damit Interessenten sich beim nächsten Kontakt gleich wieder an Sie erinnern.

Bild ergänzt die textliche Aussage

Ein Foto ist ein starker Blickfang (Eyecatcher). Das Auge des Lesers orientiert sich zuerst an den bildlichen Botschaften einer Seite, dann erst wendet sich die Aufmerksamkeit den geschriebenen Inhalten zu. Wenn Sie ein Foto verwenden, sollte es daher eine zentrale Aussage vermitteln oder diese stüt-

zen. Bilden Sie nichts ab, was durch Text weit besser beschrieben werden kann. Zeigen Sie auch keine Ansicht einer grünen Maschine, die aussieht wie alle anderen grünen Maschinen dieser Welt. Und zeigen Sie keine strahlende junge Frau, wenn es um große, grüne Maschinen geht.
Widerstehen Sie auch der Versuchung, möglichst viele Bilder Ihres Unternehmens auf der Seite abzubilden. Der Empfänger soll das Gebäude nicht kaufen, sondern wiedererkennen, wenn er davor steht. Daher verzichten Sie auf Luftaufnahmen, auf denen niemand etwas erkennen kann. Eine schöne Frontansicht des Eingangsbereiches reicht vollkommen aus.

Experten-Tipp

Was sagen die Bildinhalte?

Zeigen Sie den Eingangsbereich nur, wenn dieser auch einladend und attraktiv gestaltet ist. Ein gläsernes Loch in der Wand oder ein halbes Bild voller Waschbetonplatten spricht potenzielle Kunden nicht an.

Auf die Stimmung kommt es an

Achten Sie auf eine gute Stimmung. Ein Gasthaus im Schnee mit erleuchteten Fenstern wirkt auf die allermeisten Menschen weit gemütlicher, als eine große Betonfläche mit angrenzendem Gasthaus bei strahlender Sonne. Der Versuch, auf die schier unbegrenzten Parkmöglichkeiten für Ihre Autofahrerkundschaft hinzuweisen in Ehren, aber konzentrieren Sie sich auf das Wesentliche.
Investieren Sie in einen Profifotografen, das Ergebnis wird Ihnen Recht geben. Er sorgt für das richtige Licht, die optimale Perspektive und den wirkungsvollen Bildaufbau. Das gilt besonders, wenn es um große, grüne Maschinen geht, oder um Fachwerkgasthäuser zwischen Betonburgen. Bilder müssen professionell sein, genauso wie der Text.
Übrigens: ein Mailing zum Thema Hausbau funktioniert auch ohne das abgegriffene Foto von der Familie mit Hund auf dem Flokati. Lassen Sie sich ruhig etwas anderes einfallen!

Bild schafft Perspektive

Hier ein Beispiel zur Auswahl des Bildmotivs: wenn Sie vom Angeln sprechen, können Sie:

- ein Sortiment von Angeln im Regal abbilden,
- einen Angler am Ufer zeigen,
- den Angler im Wasser mit Fisch an der Angel,
- den Angler, wie er den Fisch gerade heraus zieht,

- den Fisch im Eimer,
- auf dem Küchenbrett oder
- frisch zubereitet auf dem Teller.
- Oder Sie zeigen nur die dekorativen Blinker und Fliegenköder,
- die stille Oberfläche eines Waldsees,
- Hochseeangeln mit Motorboot?
- Ein Schwarzafrikaner an einem Fluss?
- Ein Bär auf Lachsfang?

Motiv für Zielgruppe auswählen

Merken Sie, wie durch die Motivwahl unterschiedliche Stimmungen und Assoziationen entstehen? Welches passt am besten zu Ihrer Botschaft, Ihrem Produkt und zum verwendeten Sprachstil? Weit interessanter als Ihre persönliche Perspektive des Angelns ist dabei die Frage, mit welcher Stimmung Ihre Zielgruppe sich am besten angesprochen fühlt.

Illustrationen können Systemabläufe veranschaulichen, Funktionsweisen symbolisieren oder mit einer Karikatur den Anwendernutzen darstellen. Bedienen Sie sich dafür unbedingt professioneller Unterstützung, damit die verwendeten Illustrationen in Größe, Farbgebung und Stil zum übrigen Seitenlayout passen und die Seite einen harmonischen Gesamteindruck erhält.

Vorsicht mit ClipArts

Auch mit Illustrationen sollten sie zurückhaltend und sparsam umgehen, besonders in Zusammenhang mit anderen grafischen Darstellungen. Wenn Sie mit ClipArts arbeiten wollen, achten Sie bitte darauf, dass Stimmung und Charakter der Abbildungen miteinander harmonieren und zum Sprachstil des Schreibens passen! Oftmals haben ClipArts einen etwas verspielten, privaten oder humoristischen Charakter. Das passt natürlich nicht in einen professionellen Werbebrief. Ein einziges ClipArt kann Ihnen sämtliche sonstige Bemühungen um Glaubwürdigkeit zunichte machen.

Wenn Sie einen Sympathieträger oder ein Maskottchen haben, dann kann dieses natürlich auch auf Ihren Mailings abgebildet werden. Das kleine Teufelchen kann den Lesern zeigen, wie kinderleicht die Fernbedienung das Garagentor öffnet. Das Bärenmarke-Bärchen kann in der Puppenstube genussvoll Kaffee trinken. Diese etwas verspielte Anmutung sollte allerdings gut zu Ihrer Werbebotschaft passen.

Interaktion und Sammelspaß

Aufkleber sind ein interaktives Element. Der Empfänger kann beispielsweise aufgefordert werden, seine persönliche Gewinnnummer vom Kuvert abzulösen und auf die Antwortkarte zu kleben. Durch die Aktion wird der Werbebrief „gehandhabt“, Berührungsscheu wird überwunden, die Auseinandersetzung mit dem Thema gefördert. Auch kann mit Aufklebern der Sammelspaß beim Empfänger geweckt werden.

Symbolkraft der Stempel

Stempel verleihen Ihrem Schreiben einen offiziellen Touch. Was gestempelt wird ist wichtig, amtlich, geprüft, geeignet. Setzen Sie Stempel sparsam und gezielt ein. Mögliche gestempelte Botschaften sind Garantien, Zertifizierungen, Prüfbelege, Zulassungen, Eignungen. Aber auch symbolische Stempel implizieren eine Zuordnung: Ein Adler signalisiert offizielle Nachrichten, ein Stempel der kommenden Bundesgartenschau hebt das Mailing einer Gärtnerei gleich in einen ganz anderen Rang, ein Globus-Stempel mit Hand deutet auf wohltätige Absichten hin, etc. Welches Stempelmotiv passt zu Ihrer Botschaft: Messetermine CeBit, Tier des Jahres, Rallye Paris-Dakar, geschützte Pflanzen, ein Lenkrad?

Praxis-Beispiel

Stempeltexte

- Offizieller Ausstatter der Olympischen Spiele 2000
- TÜV-geprüft
- 10 Jahre Garantie
- DIN ISO 9000 zertifiziert
- WindowsXP-kompatibel

Gütesiegel: Hierzu gehört der Blaue Umweltengel ebenso wie das „Gut“ von Stiftung Warentest und die „Kauf-Empfehlung“ des PC-Magazins. Auch Produkteigenschaften wie „Chlorfrei“ oder „Hautschonend“ lassen sich mit einem Siegel hervorheben.
Grundsätzlich gilt bei der Verwendung von grafischen Elementen: nicht zu viele unterschiedliche Elemente und kein turbolenter Stilmix! Der Leser soll sich orientieren können und einen schlüssigen Eindruck vermittelt bekommen.

Briefmarken

Themenorientierte Marken

Wenn Sie Ihr Mailing als voll frankierten Brief versenden, können Sie auch durch die Wahl der Briefmarke einen kleinen Akzent setzen. Verwenden Sie Sondermarken für wohltätige Zwecke oder ansprechende, große Briefmarken, so grenzen Sie sich von der Masse der Briefe ab, die mit den kleinen, einfarbigen Serien frankiert sind. Eine weitere Möglichkeit sind Themenmarken, die Sie falls verfügbar passend zu Ihrer Branche auswählen können. (Maschinenbau, Tierschutz, Verkehr, Komponisten, etc.). Sicherlich nur ein kleiner Beitrag zur Kohärenz, aber damit eben auch ein kleiner Beitrag für einen höheren Rücklauf!

Experten-Tipp

Briefmarken auf Vorrat

Damit Sie eine möglichst große Auswahl beziehungsweise genau das richtige Motiv als Sondermarken verfügbar haben, lohnt es sich, diese auf Vorrat anzulegen. Schließlich ist Ihr Thema (z. B. Blumen, Autos, Technik, Gebäude) nicht ständig auf Marken erhältlich.

Stimmigkeit mit Corporate Design

Gestalterische Elemente können das Erscheinungsbild eines Werbebriefes abwechslungsreicher machen und damit mehr Blickfang bieten als ein reiner Textbrief. Sind die Elemente jedoch nicht sensibel aufeinander abgestimmt, entsteht leicht der Eindruck von „billig“ und „Ramsch“.
Achten Sie bei Verwendung von gestalterischen Elementen auf eine Stimmigkeit mit Ihrem Corporate Design, mit beworbenem Produkt, Zielgruppe und Sprachstil. Orientierung für den Leser und Lesbarkeit dürfen nicht verloren gehen. Bei der grafischen Gestaltung von Mailings gilt das Gleiche wie beim Text: weniger ist oft mehr.

Der Briefumschlag: Signale von außen

Das Kuvert als Aushängeschild

Das Erste, das der Empfänger von unserer Botschaft wahrnimmt, ist das Kuvert. Es ist das, was er zuerst in Händen hält. Warum also steht dieses Kapitel nicht am Anfang des Buches? Ganz einfach: die Gestaltung des Kuverts sollte optimal auf den Inhalt des Schreibens abgestimmt sein, nicht umgekehrt. Daher befassen wir uns zuerst mit der Vermittlung unserer Werbebotschaft und überlegen dann, wie wir die Sache durch die Umschlaggestaltung noch unterstützen können.
Achten Sie auf die äußere Gestaltung Ihrer eingehenden Werbepost: manche Briefe haben schon von außen einen amtlichen, offiziellen Charakter,

bei anderen vermutet man gleich eine kleine Firma hinter dem Anschreiben, bei anderen wiederum einen Konzern. Das Kuvert signalisiert: dies ist eine Werbesendung, dies ein Inkassobrief, dies Behördenpost und das eine Rechnung.

Dem Kuvert kommt eine wichtige Aufgabe zu: Es soll neugierig auf den Inhalt machen und den Empfänger dazu bringen, den Inhalt zu lesen. Keine leichte Aufgabe, werfen doch einige Empfänger, um Zeit zu sparen, alles ungeöffnet in den Papierkorb, was nach Werbepost aussieht.

Nur nicht billig wirken

In Abhängigkeit von Ihrer Zielgruppe gilt es also einen äußeren Eindruck anzustreben, der nicht in die Kategorie „Billigwerbung“ fällt. Haben Sie also ein gutes Argument für Ihre Empfänger, weshalb sie den Brief jetzt und hier und sofort öffnen sollten, dann schreiben Sie dies auf den Umschlag.

Umschlagbeschriftungen

CD-ROM

- Gratis-Coupon innenliegend!
- An alle Hamburger Haushalte
- Wichtig: Ihre persönliche Gewinn-Nummer!
- Vertrauliche Informationen für ...
- Spezielles Angebot für Landwirte!
- Vorzugspaket!
- Eilsache – Expresszustellung!
- Lassen Sie Ihre Träume Wirklichkeit werden!
- Wichtiger Inhalt: Kataloganforderung und Geschenk!
- Begrenzte Mengen zu kleinen Preisen.
- Abverkaufs-Aktion – nur für kurze Zeit!
- Umschlag enthält wichtige Unterlagen!
- Eilige Gewinnmitteilung!
- Wertvolle Gesundheitstipps

Achten Sie darauf, dass die verwendeten Elemente und Aussagen schlüssig sind. Ihr Schreiben verliert an Glaubwürdigkeit, wenn Sie von einem „Exklusiv-Angebot“ sprechen und das Kuvert als Massendrucksache frankieren!

Beilagen

Wenn Sie eine Beilage versenden, weisen Sie auf dem Kuvert darauf hin, oder besser noch: zeigen Sie die Beilage durch ein Kuvertfenster. Oder versenden Sie etwas, das der Empfänger bereits durch das Kuvert hindurch fühlen kann, wie etwa eine Medaille. Achten Sie aber stets darauf, dass Ihre Beilage einen schlüssigen und/oder originellen Sinnzusammenhang mit Ihrem Anliegen besitzt. Dieser lässt sich auch textlich aufgreifen. Sind Sie beispielsweise ein Autoversicherer und wollen Policen verkaufen, dann könnte ein Christophorus-Aufkleber attraktiv sein, und im Text könnten Sie die Schutzfunktion der Police mit dem Schutzheiligen in Verbindung bringen. Andererseits: nicht jeder findet Aufkleber schön!

Praxis-Beispiel

Beilagen

- VIP-Karte als „Mitgliedsausweis"
- Kleine Probierpackung
- Bedruckter Einkaufswagenchip
- Ein Tütchen mit Kressesamen
- Aufkleber
- Streichholzheftchen
- Personalisierte Absender-Klebeetiketten
- Umrechnungstabelle
- Kalorientabelle
- Mini-CD
- Ein kleines Spiel

Als informative Beilage können Sie die Visitenkarte des Ansprechpartners und/oder einen Prospekt beilegen. Diesen Inhalt können Sie ebenfalls auf dem Kuvert ankündigen.

Fragen machen neugierig

Für das Kuvert gilt übrigens das Gleiche wie für die Schlagzeile: machen Sie neugierig, aber verraten Sie nicht schon alles! Und was macht neugieriger als eine unbeantwortete Frage? Dabei ist sorgfältig auszuwählen, welche Frage für den Empfänger interessant und akzeptabel ist.

Praxis-Beispiel

Fragen auf dem Kuvert

- Wie verdient man monatlich 87 Euro, ohne einen Finger zu rühren?
- Schon gewonnen? – Gleich reinschauen!

- Sind Sie ein Gewinner-Typ?
- Wie viel werden Sie in einem Jahr verdienen?

Quiz oder Test?

Ein weiteres Lockmittel ist der Hinweis auf ein innenliegendes Quiz. Die meisten Menschen lieben das spielerische Raten, besonders wenn attraktive Preise winken. Weniger attraktiv ist der Hinweis auf eine Meinungsumfrage, weil das eher in Richtung Aushorchen geht und einen indiskreten Touch hat. Das schmeichlerische „Ihre Meinung ist uns wichtig!“ werden Ihnen einige Leser nicht abnehmen und dahinter die Absicht vermuten, dass Sie lediglich Adressen sammeln wollen.

Auch nicht empfehlenswert ist ein „Test“, da der Empfänger davor zurückscheut, sich prüfen zu lassen, noch dazu von jemandem, den er gar nicht kennt. Grundsätzlich: vermeiden Sie auch auf dem Umschlag alles, das irgendwie als wertend, indiskret, zu persönlich oder verpflichtend aufgefasst werden könnte.

Kreative Entwürfe

Zu erwähnen sind noch besonders gestaltete Umschläge, die wie ein amtliches Schreiben aufgemacht sind, oder wie ein Scheck aussehen. Abhängig von Ihrem Image, dem Produkt und der Zielgruppe lässt sich mit kreativ gestalteten Umschlägen große Aufmerksamkeit wecken.

Aber vergessen Sie bei aller Kreativität nicht, dass es einzig darauf ankommt, dass der Empfänger den Umschlag öffnet. Ein kleiner Stempel mit dem Brandenburger Tor neben der Briefmarke vermittelt auf eine zurückhaltende, unaufdringliche Art, dass es sich hier möglicherweise um amtliche, wichtige Post handelt, insbesondere, wenn der Absender einen offiziell klingenden Namen hat. So lässt sich mit einem kleinen gestalterischen Element eine stärkere Wirkung erzielen als mit einem vierfarbigen Kuvert mit schrillen, lauten Aufrufen und Versprechen.

Begriffe wie „Dringend“, „Umgehend“, „Wichtig“ und „Sofort öffnen“ signalisieren schon von Weitem, dass es sich hier um einen Werbebrief handelt. Wenn Sie solche Dringlichkeit vermittelnden Wörter verwenden, dann nennen Sie in Ihrem Schreiben auch Gründe und Belege für die äußerste Wichtigkeit und Brisanz, etwa weil eine Förderfrist ausläuft o.ä.

Handbeschriftet

Ein Weg, wie Sie den Empfänger so gut wie sicher dazu bringen, das Kuvert zu öffnen, ist eine Beschriftung von Hand. Sicherlich ein großer Aufwand, aber insbesondere bei kleineren Mailingaktionen durchaus eine erfolgversprechende Alternative zum üblichen Druck. Das individuell in schöner

Handschrift adressierte Kuvert signalisiert eine kleine, exklusive Aktion. Verwenden Sie also in diesem Fall unbedingt eine Briefmarke; ein Frankiermaschinenaufdruck würde alle Mühe zunichte machen.

Einladungen ziehen

Auch die Beschriftung „Einladung" wirkt als Brieföffner, signalisiert sie doch dem Empfänger, dass es hier etwas umsonst gibt. Die Neugier herauszufinden, um welche Art von Veranstaltung es sich handelt und welche Vergünstigungen damit verbunden sind, schaffen große Aufmerksamkeit. Enttäuschen Sie im Schreiben daher nicht die eingangs geweckten Erwartungen!

Humor hat seine Tücken

Eine andere Möglichkeit ist ein humorvoller Einstieg auf dem Umschlag, thematisch nahe und vielleicht sogar personalisiert. Sicherlich hat Humor eine entspannende, die Aufnahmebereitschaft fördernde Wirkung, zugleich empfinden Menschen bezüglich Humor doch recht unterschiedlich. Was den einen begeistert, lässt den Nächsten kalt und ein Dritter ist vom gleichen Scherz möglicherweise gar peinlich berührt.

Daher ist es schwierig, den Empfängern mit einem „gemeinsamen" Scherz das eigene Anliegen näher zu bringen. Ausnahmen können kleine, klar umrissene Zielgruppen sein, wie beispielsweise Taucher, Sportflieger etc., die mit einem (guten!) Insiderwitz motivierbar sind, den Inhalt des Mailing auf sich wirken zu lassen.

Ausgefallenes

Besonderheiten stellen Kuverts aus unüblichen Materialien dar, so etwa eine CD in einem Jewel-Case mit Adressaufkleber oder eine Einladung im Transparentkuvert. Sicher nicht jedermanns Sache ist ein „Wurstbrief", bei dem Wurst in einer Klarsichthülle versandt wird, quasi als Brief zum Aufessen (www.wurstbrief.de). Innovativ ist auch die StrechCard (www.steindialog.de), die sich bis auf eine Länge von 95 cm ausziehen lässt – ideal für breite Motive. Duftbeschichtete Karten, Selfmailer und Kalender (www.straub-druck.de) eröffnen Ihrer Botschaft die geruchliche Dimension.

To Do

Empfänger oder Entscheider?

Prüfen Sie: Wer liest das Kuvert, wer den Inhalt?

Klären Sie, wer Ihr Schreiben öffnen wird. Wenn Sie Unternehmen anschreiben, in denen die Post zentral oder vom Sekretariat geöffnet und vorsortiert wird, sollten Sie dies bei der Umschlaggestaltung berücksichtigen.

In diesem Fall ist der Umschlag auf die Sekretärin und der Inhalt auf die Chefin abzustimmen.
Viele Entscheider bekommen den Umschlag Ihres Anschreibens also gar nicht zu sehen. Beziehen Sie sich im Brief daher nicht auf eine Aussage auf dem Kuvert: der Empfänger wird den Bezug nicht nachvollziehen können, wenn er den Brief nicht selbst geöffnet hat.

Briefmarken bieten Vorteile

Experten-Tipp

Falls in einem Unternehmen aller Posteingang mit Frankierung als Massendrucksache zentral aussortiert wird, haben Sie nur eine Chance mit einem voll frankierten Brief.

Akzeptanz der Zielgruppe ausschlaggebend

Wenn Sie allerdings meinen, dass Ihre Zielgruppe den Umschlag nicht eher öffnen würde, wenn Sie eine Aufforderung oder ein Argument dafür nennen, dann verzichten Sie auf eine offensive Kuvertgestaltung. Insbesondere Unternehmen, bei denen es auf Seriosität ankommt, ziehen einen schlichten Auftritt vor. Bedenken Sie auch, dass immer weniger Menschen auf reißerische Versprechungen reagieren. Die massenhafte Verwendung in den vergangenen Jahren hat die Wirkung teilweise schon ins Gegenteil verkehrt.
Viele Unsicherheiten und Eventualitäten sprechen also für eine neutrale Gestaltung. Wenn Sie allerdings sicher sind, dass Ihre spezielle Zielgruppe Gefallen an einem gestalteten Umschlag findet und dadurch mehr Interesse für den Inhalt entwickelt, so kann es sich lohnen, die zusätzlichen Kosten für die Umschlaggestaltung auf sich zu nehmen.

Worauf es beim Versand ankommt

Probeläufe bei hoher Auflage

Wenn Sie eine größere Menge an Mailings versenden, so stimmen Sie Produktion und Versand auf Ihre Kapazitäten für den erwarteten Rücklauf ab. Produktion deshalb, weil Sie gedruckte Mailings zwar bis zum Versand lagern können, dabei aber das eingedruckte Datum zunehmend an Aktualität verliert. Auch empfiehlt sich bei höheren Auflagen vorab die Versendung von Probemailings an Testadressen. Wenn Sie darin jeweils nur ein Element ändern, wie z. B. die Headline, das Anwortelement, den Preis oder das Hauptargument, so können Sie aus den erzielten Rückläufen erkennen, welcher Entwurf die höchsten Erfolge erzielt. Kennzeichnen Sie dazu die jeweilige Variante mit einer Referenznummer oder einer kleinen Änderung in der Rücksendeadresse, damit Sie den Rücklauf den Varianten eindeutig zuordnen können.

Mehrstufige Optimierung

Dieses Prinzip können Sie im Bedarfsfall auch mehrstufig fortsetzen. So wird an Ihrem Top-Mailing wiederum nur ein Punkt verändert und getestet, ob sich ein noch besseres Ergebnis im Rücklauf erzielen lässt, usw. Dieser Aufwand lohnt sich besonders bei großen Mengen, aber auch bei mehreren aufeinander folgenden kleinen Mailingaktionen lassen sich die Aussendungen schrittweise für Ihre Zielgruppe optimieren.

Versandformen: Das sollten Sie beachten

Portogrenzen beachten

Abhängig von der Anzahl der Mailings und der Aufteilung in Postleitzahlbereiche können interessante Kosteneinsparungen beim Porto erzielt werden. Achten Sie auf das Einzelgewicht: Die Obergrenze für normale Briefe liegt bei 20 Gramm. Diese sind teilweise schon mit zwei Blatt Inhalt zzgl. frankiertem Kuvert erreicht. Insbesondere bei Einladungen auf stärkerem Papier, eventuell noch in Verbindung mit einer Antwortkarte, kommt schnell ein höheres Gewicht und damit eine höhere Portostufe zustande.

Format: So erhöhen Sie die Aufmerksamkeit

Sonderformate erhöhen die Aufmerksamkeit

Interessant ist auch die Frage nach dem Format. Üblich ist DIN lang (zweifach quer gefaltetes DIN A4. Je nach Prospektbeilage etc. wird bei Mailings, die ein hochwertiges Produkt in kleinerer Auflage bewerben, auch ein DIN A4-Format verwendet.

Ein spezieller Fall sind Werbebriefe in einem ausgefallenen Format (etwa quadratisch) oder in nicht rechteckiger Form. Die Herstellung und der Versand sind problemlos, jedoch sich Schnitt- oder Stanzkosten zu kalkulieren. Dass sich diese jedoch durchaus rechnen können, zeigen Erfahrungen mit ausgefallenen Formaten, die teilweise Responsequoten im zweistelligen Bereich verzeichnen. Der Grund ist einleuchtend: der Empfänger verbindet mit dem Sonderformat einen besonderen Inhalt, was seine Neugier und seine Lesebereitschaft deutlich erhöht.

Selfmailer ohne Kuvert

Interessant auch die Alternative eines Selfmailers. Der gestaltete Bogen mit den Produktinformationen wird zusammengefaltet und ohne Kuvert mit einem Adressaufkleber oder –aufdruck versehen. Für den Empfänger sind die Informationen so direkt zugänglich, ohne erst ein Kuvert öffnen zu müssen. Die Gestaltung setzt sich entsprechend vom Werbebrief-Inneren in das „äußere Erscheinungsbild“ fort. Dadurch hebt sich der Selfmailer deutlich von kuvertierten (Werbe-)Briefen ab.

Preisoptimierung: So sparen Sie Geld

Leitzahlen helfen sparen

Beachten Sie bei der Auswahl Ihrer Adressaten auch die Leitzahlen der Deutschen Bundespost. So erhalten Sie die Ermäßigungen der Infopost in Abhängigkeit von der Anzahl der Briefe mit gemeinsamer Leitzahl. Die Leitregion umfasst die ersten beiden Stellen der Postleitzahl (z. B. 64 für Südhessen oder 66 für das Saarland), der regionale Versand gilt innerhalb des Leitbereiches der Einlieferungsstelle (z. B. Leitbereich Hannover von 30000 bis 30982).

In Abhängigkeit von der Menge der Briefe je Leitbereich beziehungsweise Leitregion lassen sich durch die Versendung als Infobrief oder Infopost Portokosten einsparen. Die Grundbedingung sind gleiche Inhalte und die

Auflieferung am Postschalter. Für beide Versandformen ist eine Aufzahlung möglich, d. h. Sie versenden weniger als die Mindestmenge, zahlen aber die Mindestmenge. Dass sich Aufzahlen lohnen kann, zeigt folgendes Beispiel.

Aufzahlung zahlt sich aus

Die Empfänger Ihres Werbebriefes befinden sich alle in derselben Leitregion, z. B. 47xxx. Die Mindestmenge beträgt 250 Briefe. Sie haben jedoch nur 220 Kunden anzuschreiben. Dann ergeben sich folgende Möglichkeiten:

- Sie geben 220 Standardbriefe auf: 220 × 0,55 Euro = 121 Euro
- Sie versenden per Infopost: 220 × 0,25 = 55 Euro + Aufzahlung für 30 Briefe: 30 × 0,25 = 7,50 Euro

So kostet Sie der Versand als Infopost: 55 + 7,50 = 62,50 Euro und damit nur etwa halb soviel wie als Standardbrief!

Vergleichsangebote

Vielleicht holen Sie sich auch Angebote anderer Anbieter ein. Neben der Deutschen Post AG können Sie Ihre Sendungen auch mit anderen Briefdiensten verschicken. Informationen hierzu:

- www.posttip.de (mit vielen Infos und Tarifrechner!)
- www.porto-logistik.de,
- www.brief-dbs.de
- www.ups.com,
- www.ep-europost.de,
- www.primemail.de,
- www.midway-express.de,
- www.general-express.de
- www.general-overnight.com
- www.messenger.de
- www.fedex.com

Regionale Anbieter

Manche Anbieter operieren ausschließlich regional: Saariva (Saarland und Saar-Pfalz), die Berliner PIN AG, die Morgenpost Briefservice GmbH (Mannheim), mail-express (Oldenburg), Citypost (Hannover), MaxiMail (Südhessen) oder Opti Mail (Nordrhein-Westfalen). Diese und andere private Briefdienste bieten teilweise eine Zustellung noch am gleichen Tag und spezielle Services wie z. B. kostenlose Abholung. Geworben wird mit Kosteneinsparungen von 15 bis 50 % gegenüber der Deutschen Post AG, interessant insbesondere für Geschäftskunden und Verwaltungen mit hohem Briefaufkommen (Nettobriefporto bei MaxiMail nur 39 Cent). Nachfolgend die In-

landspreise der Deutschen Post AG bei Drucklegung (Liste vom 1. Juli 2004). Hier sind besonders die Einsparpotenziale bei größeren Auflagen durch Infobrief und Infopost interessant:
Tabelle Portogebühren der Deutschen Post, Stand Juli/2004

	max. Länge	max. Breite	max. Dicke	max. Gewicht	Porto	Infopost
Standard						
Postkarte	23,5	12,5	–	1,9–14,7 g	0,45 €	(150–500 g/m²)
Brief	23,5	12,5	0,5	20 g	0,55 €	
Infobrief	23,5	12,5	0,5	20 g	0,40 €	
Infopost	23,5	12,5	0,5	20 g	0,25 €	
Kompakt						
Brief	23,5	12,5	1,0	50 g	1,00 €	
Infobrief	23,5	12,5	1,0	50 g	0,80 €	
Infopost	23,5	12,5	1,0	50 g	0,28 – 0,39 €	Formel 1
Groß						
Brief	35,3	25,0	2,0	500 g	1,44 €	
Infobrief	35,3	25,0	2,0	1.000 g	1,35 €	
Infopost	35,3	25,0	2,0	1.000 g	0,36 – 1,05 €	Formel 2
MAXI						
Brief	35,3	25,0	5,0	1.000 g	2,20 €	
Infobrief	35,3	25,0	5,0	1.000 g	1,80 €	
Infopost	35,3	25,0	5,0	1.000 g	0,73 – 1,42 e	Formel 3
SCHWER						
Infopost	40	30,0	15,0	10.000 g	1,64 – 3,38 €	

- Formel 1: bis 20g: 28 Ct., über 20g bis 50g: (g-20) × 0,352 ct+28 ct
- Formel 2: bis 20g: 35ct, über 20g bis 100g: (g-20) × 0,352 ct+36 ct, über 100g bis 1.000g: (g-100) × 0,046 ct + 64 ct
- Formel 3: bis 20g: 73 Ct., über 20g bis 100g: (g-20) × 0,352 ct + 73 ct, über 100g bis 1.000g: (g-100) × 0,046 ct + 101 ct

Infobriefe

Infobriefe müssen eine Mindestmenge von 50 Stück haben. Der Versand erfolgt bundesweit, eine Vorsortierung nach PLZ ist nicht erforderlich.

Infopost

Die Mailings sind nach PLZ vorzusortieren. Der bundesweite Versand ist erst ab 4.000 Exemplaren möglich, ab 250 Briefen bietet die Deutsche Post die Infopost für eine Leitregion (z. B. 89xxx oder 64xxx, ab 50 Briefen in einem Leitbereich (z. B. 97000 bis 97289 für Würzburg).

InfoCard

Eine Sonderform des Infobriefs beziehungsweise der Infopost ist die InfoCard. Unter dem Adressaufkleber befindet sich die Rücksendeadresse für eine leichte Handhabung. Die InfoCard wird nur von lizensierten Druckereien vertrieben, da sie patentgeschützt ist. Das Porto beträgt wie beim Brief 40 beziehungsweise 25 Cent.

Postwurf

Wollen Sie Ihren Werbebrief möglichst günstig an gleichzeitig viele Haushalte senden, so bietet sich der Versand als Postwurfsendung an. Dabei können Sie zwischen drei Optionen wählen:

- Haushalte (ca. 36 Mio.)
- Haushalte mit Tagespost (ca. 23 Mio.)
- Postfächer (knapp 1 Mio. Nutzer)

Die Preise richten sich bei den Haushalten nach der Siedlungsdichte und liegen aktuell zwischen 53 und 112 Euro je 1000 Sendungen á 20 Gramm (zzgl. MWSt). Der Mindestauftragswert von 255,65 Euro ist zu berücksichtigen.

Postwurfspezial

Interessanter, da zielgerichteter für Sie als Werbetreibenden ist bestimmt die Versendform Postwurfspezial. Hierbei können Sie die Empfänger nach bestimmten Kriterien selektieren und das Verteilgebiet bestimmen.

Typische teiladressierte Aufschriften sind:

- An alle Weinliebhaber des Hauses Bachgasse 24, 74777 Mumpitz
- An alle Lottospieler in der Luwigstr. 2, 75777 Wartau
- An die Entscheidungsträger in der Porschestr. 39, 76777 Dicklingen

Mindestmengen

Je Leitregion (z. B. 74xxx, 75xxx) sind mindestens 2000 Sendungen einzuliefern. Interessant sind die Postwurf-Sendungen ab einer sechsstelligen Auflage, insbesondere bei nicht allzu hochpreisigen Produkten und flächenmäßig gleichverteiltem Bedarf. Nähere Informationen zu den Selektionskriterien und weitere Angebote wie Postwurfspezial Plus, Business, Automobil oder Kreativ erhalten Sie von der Deutschen Post. Mit Postwurfspezial Mini sind Postwurfsendungen bereits ab 10.000 Stück möglich. Gerade für kleinere Unternehmen möglicherweise interessant. Die Preise bei Postwurfspezial beginnen bei 114 Euro je 1000 Sendungen (zzgl. MwSt).

Robinson-Liste: Was ist das?

Einträge fünf Jahre gültig

Die Robinson-Liste wurde 1971 als freiwillige Einrichtung der Werbewirtschaft vom Deutschen Direktmarketing Verband (DDV) eingerichtet. Ihre Zielsetzung ist der Verbraucherschutz vor Werbeaussendungen zur Neukundengewinnung, d. h. die Robinson-Liste sorgt dafür, dass Verbraucher bedeutend weniger personalisierte Werbebriefe von Unternehmen erhalten, zu denen sie noch keine Geschäftsbeziehung haben – und auch nicht wünschen. Wer keine personalisierten Werbebriefe erhalten möchte, trägt sich einfach ein. Ein Schutz vor Postwurfsendungen ist damit nicht gegeben. Aber die Versender von Direct Mailings orientieren sich meist an den Eintragungen in der Robinson-Liste, weil sie dadurch Kosten sparen. Der Eintrag gilt für fünf Jahre und muss danach erneuert werden. Dadurch wird verhindert, dass die Robinson-Liste veraltet.

Vorteile für beide Seiten

Wenn Sie eine Mailingaktion planen, gleichen Sie Ihren Adressdatenbestand unbedingt mit der Robinson-Liste ab. Damit sparen Sie den Empfängern unerwünschte Werbebriefe und sich selbst unnötige Kosten. Die Robinson-Liste umfasste Anfang 2004 derzeit rund 520.000 Bruttoeinträge, die Anzahl der Netto-Haushalte dürfte infolge Mehrfacheinträgen durch unterschiedliche Schreibweisen bei etwa der Hälfte liegen. Weitere Informationen finden Sie unter www.ddv.de und unter www.direktmarketing-info.de/mailing/index.html. Der DDV veröffentlicht auch Jahrbücher und Informationen zu interessanten Neuerscheinungen.

E-Mails, SMS, Telefon, Fax

Für E-Mails, SMS und Telefon gibt es eine entsprechende eRobinsonliste unter www.robinsonlist.de. Informationen zum Schutz vor unangeforderten Faxsendungen gibt es unter www.retarus.de/robinsonliste.

Bitte beachten: neues UWG 2004

Im Juli 2004 ist die Novelle des UWG (Gesetz gegen den unlauteren Wettbewerb) in Kraft getreten. Daraus ergeben sich folgende Änderungen:

- Der Versand von Werbefaxen ist nur noch mit vorheriger Einwilligung zulässig.
- Bei Werbung per E-Mail gilt grundsätzlich das Gleiche. Haben Sie die E-Mail-Adresse im Rahmen eines Kaufgeschäftes erhalten, so dürfen Sie diese für die Werbung für ähnliche Produkte benutzen. Hat also jemand bei Ihnen per E-Mail einen Drucker bestellt, dürfen Sie ihm in der Folge Patronen oder Papier per E-Mail anbieten, nicht jedoch eine Waschmaschine. Grundsätzlich hat der Kunde jederzeit ein Widerspruchsrecht, wenn er keine weitere Werbung per E-Mail mehr möchte.
- Für Telemarketing benötigen Sie eine ausdrückliche Einwilligung. Diese sollte schriftlich erfolgen, um datenschutzrechtlich wirksam zu sein. Zudem muss die Einwilligungserklärung dem Kunden die Möglichkeit bieten, diese selbst mitzugestalten. Sonst ist sie wegen unangemessener Benachteiligung anfechtbar. Durch die neuen Bestimmungen wird Telefonakquise (ohne ausdrückliche Einwilligung) als unzumutbare Belästigung deklariert und ist damit grundsätzlich abmahnbar.

Unproblematisch ist dagegen auch weiterhin der Versand von Werbebriefen. Diese Werbeform ist grundsätzlich so lange zulässig, bis der Empfänger weitere Zusendungen ablehnt.

Experten-Tipp

Einwilligung per Werbebrief

Wenn Sie Ihre Kunden und Interessenten auch per E-Mail, Fax oder Telefon kontakten wollen, legen Sie Ihren Werbebriefen eine entsprechende Einwilligungserklärung bei. Dann sind Sie gegen wettbewerbsrechtliche Abmahnungen gesichert.

Bei großen Mengen: Remailing

Hin und zurück billiger?

Eine besondere Versandform stellt das Remailing dar. Dabei werden Inlandsbriefe im Ausland aufgegeben, um Porto zu sparen. Je nach Zielort des Werbebriefes unterscheidet man zwischen ABA- und ABC-Remailing. Beim ABA-Remailing werden die Briefe beispielsweise per Lkw von Deutschland (A) ins Ausland (B) transportiert, um von dort an deutsche Adressen (A) gesendet zu werden. Beim ABC-Remailing beispielsweise von Deutschland (A) in ein Nachbarland (B), um sie von dort in ein Drittland (C) zu versenden.
Ein solches Vorgehen mit dem physikalischen Transport der Briefe ist gemäß Weltpostvertrag nicht erlaubt. Umstritten ist das „Non-physical-Remailing“. Hierbei werden die Daten in elektronischer Form per Datentransfer ins Ausland gesendet. Dort erst wird das Mailing ausgedruckt, konfektioniert und per Post aufgegeben. Durch den erforderlichen Organisations- und Transportaufwand eignet sich ein Remailing ohnehin nur für große Mengen und für häufiger wiederkehrenden Bedarf. Ansonsten wiegen die Transport- und Organisationskosten die Portoeinsparungen schnell wieder auf. Informationen zum aktuellen Stand der rechtlichen Lage erhalten Sie bei spezialisierten Fachanwälten oder beim DDV. Wichtige Adressen zum Direktmarketing finden Sie im Anhang.

Testversand: Finden Sie die beste Variante

Variationsmöglichkeiten

Bei größeren Mailing-Aktionen und dem damit verbundenen Kostenrisiko ist es sehr zu empfehlen, im Vorfeld ein paar Varianten zu erstellen, die sich in nur jeweils einem Punkt unterscheiden und diese an möglichst gleich zusammengesetzte Zielgruppen zu versenden. Aus dem Rücklauf können Sie erkennen, welche Variante am besten ankommt. Als Variationselemente bieten sich insbesondere die Anrede, die Argumente, das PS, die Preisgestaltung, ein Bonus und das Response-Element. Weitere Variationsmöglichkeiten bestehen hinsichtlich der grafischen Gestaltung, der Frankierung, der Papier- und Farbwahl, sowie der angebotenen Antwortmöglichkeiten.

Experten-Tipp

Zeitplan beachten

Wenn Sie einen oder mehrere Testaussendungen durchführen wollen, so ist dafür unbedingt ausreichend Zeit für die Erstellung der Varianten, den Versand, den Rücklauf und die Auswertung einzukalkulieren. Sonst kommen Sie mit der Hauptaussendung leicht in Verzug und beispielsweise in die responseschwache Ferienzeit.

Kodierungen für die Zuordnung

Um die Rückläufe den entsprechenden Varianten zuordnen zu können, sind auf den Antwortelementen Kodierungen anzubringen. Entweder Sie drucken eine Zahlen-Ziffern-Kombination auf, oder Sie variieren die Rücksendeadresse, indem Sie z. B. eine andere Abteilung oder einen anderen Empfänger eintragen.

Praxis-Beispiel

Variationsmöglichkeiten in der Rücksendeadresse

Vergleichen Sie die nachfolgenden Adressen zeilenweise, weitere Variationen sind möglich.

Firma
Holterpolter GmbH
Abt. Vertrieb
Werner Wernersen
W.-Siemens-Weg 12a
22222 Hamberg

Holterpolter Brückengeländer GmbH
Vertrieb & Marketing
Herr Wernersen
Werner-von-Siemens-Weg 12-14
22222 Hamberg

Mehrstufiges Vorgehen

Bei manchen Produkten ist ein Sofortkauf unwahrscheinlich und teilweise auch unüblich. Wählen Sie daher in solchen Fällen ein mehrstufiges Vorgehen. Im ersten Mailing knüpfen Sie Kontakt und wecken Interesse an Ihren Angeboten. Der Empfänger soll Sie kennen lernen und möglichst selbst Kontakt aufnehmen. Kündigen Sie aber vorsichtshalber auch das zweite Schreiben an.

Hinweise auf Folgeschreiben

- In Kürze erhalten Sie hierzu weitere Informationen.
- Nächste Woche werden wir Ihnen ein individuelles Angebot vorstellen.
- Ein konkretes Angebot erhalten Sie in unserem nächsten Schreiben.

Mit Ausdauer zum Ziel

Beim zweiten Kontakt „kennt" der Kunde Sie zumindest schon vom Sehen. Daher ist die Hemmschwelle niedriger als beim Erstkontakt und eine Bestellung leichter zu erzielen. Wenn Sie ein zweites oder gar drittes Schreiben initiieren, signalisieren Sie Ihrem Kunden in spe, dass Sie sich Mühe mit ihm geben. Entsprechend aufmerksam wird er Ihr Angebot wahrnehmen. Manchmal ist es besser, sich mehr Zeit zu nehmen, um sein Ziel schneller zu erreichen.

Was Sie nach der Versendung tun können

Sie haben Ihre Mailings auf die Reise gebracht und warten auf Erfolg. Doch welchen Erfolg können Sie erwarten? Ist nach zwei Wochen noch mit Antworten zu rechnen? Sollten Sie vielleicht bei denen nachhaken, die sich noch nicht gemeldet haben, oder ist das aussichtslos? Und wenn Sie nachfassen möchten, tun Sie das besser telefonisch oder noch einmal schriftlich?

Was zurückkommt

Die Frage, wie viel Response denn eigentlich zu erwarten ist, kann Ihnen vorher niemand beantworten, denn die Responsequote ist abhängig von vielen Faktoren. Einige davon sind:

- Auswahl der Zielgruppe
- Qualität der Adressdaten
- Attraktivität des Angebots
- Stärke des Wettbewerbs
- Wahl der Argumente
- Emotionale Überzeugungskraft
- Zeitpunkt der Aussendung

Höhe des Rücklaufs

Erfahrungswerte lassen einen Rücklauf von etwa 1 bis 10 % erwarten, in Extremfällen wird er auch darunter oder darüber liegen. Ihre Aktion sollte so angelegt sein, dass Sie mit 1 % Response leben können. Werden es dann doch 3 oder gar 5 % haben Sie gewonnen! Zweistellige Responsequoten werden nur bei einer sorgfältig ausgewählten Zielgruppe erreicht, für die das Angebot sehr attraktiv ist.

Optimieren für die Folgeaktion

Zunächst einmal: trösten Sie sich, wenn der erwartete Rücklauf auch nach drei Wochen nicht voll eintritt. Aber sondieren Sie die möglichen Ursachen, damit die nächste Aussendung erfolgreicher wird. Dafür kommen in Betracht:

- Zielgruppe nicht optimal definiert (z. B. hohe Responsequote, aber geringe Umsätze)
- Adressdaten zu unexakt (Personalisierung, Datenbankpflege)

- Versendetermin ungünstig (Feiertage, Urlaubszeit)
- Wirtschaftliche Schwächephase (Unsicherheiten)
- Branchenspezifische Krise (geringe Investitionsbereitschaft)
- Desinteresse am Produkt (Marktsättigung, Mitbewerber)
- Argumentation zu schwach (USP herausstellen)
- Responsemöglichkeit zu kompliziert (zu große Auswahl, zu viel auszufüllen)
- Kaufpreis zu hoch (Bündelung, kleinere Einheiten)

Wenn Sie hier Schwachstellen identifizieren können, haben Sie für eine zweite Aussendung schon gesteigerte Chancen auf eine bessere Responsequote.

Erinnerungsschreiben: So bleiben Sie im Gedächtnis

Wenn Sie in Ihrem ersten Anschreiben einen wichtigen Termin angekündigt haben, wollen Sie vielleicht mit einem zweiten Schreiben nochmals an diesen Termin erinnern.

Nachhaken

Das folgende Beispiel zeigt einen Einladungsbrief mit dazu gehörigem Response-Element und die zwei Wochen später folgende Erinnerungskarte mit Antwortmöglichkeit kurz vor der Veranstaltung.

Einladungsbrief mit Response-Element

CD-ROM

R/5-Symposium 2002
„Fast Solutions“

Sehr geehrter Herr Jansen,

das diesjährige Caché-Symposium bietet wieder praxisorientierte Informationen zum Thema „Highspeed der postrelationalen, plattformunabhängigen Datenbanksysteme“. Eine gute Gelegenheit, sich über die neuesten Entwicklungen zu informieren.
Auf dem diesjährigen R/5-Symposium geben Ihnen GlobalBytes und seine Partner Einblick in ihre Erfolgsrezepte – vom Geschäftsmodell über die Technologie bis hin zur Projektmethodik.

Zentrale Themen sind dabei das neue R/5, die Präsentation innovativer Kundenprojekte, sich verändernde Anforderungen an Datenbankanwendungen, ein Ausblick in die Zukunft sowie eine Podiumsdiskussion über Technologien und Geschäftsmodelle. Special Event wird die Geburtstagsparty zum 25-jährigen Bestehen von GlobalBytes.

Im deutschsprachigen Raum bieten wir zwei Veranstaltungen an:

O 16./17. Mai 2002 in Zürich / Schweiz
O 26./27. Juni 2002 Frankfurt / Deutschland

Bitte beachten Sie, dass die Teilnehmerplätze begrenzt sind und diese in Reihenfolge der Anmeldung vergeben werden. Wir freuen uns auf Ihre Teilnahme!

Mit freundlichen Grüßen

Bertram Distelgruber
Marketing Director

P.S. Natürlich können Sie sich gerne auch online anmelden:
www.GlobalBytes.com/symposium2002

Response-Element

Antwortfax

O Ich möchte am R/5-Symposium 2002 teilnehmen. Mein gewünschter Termin ist:

O 16./17. Mai 2002 in Zürich / Schweiz
O 26./27. Juni 2002 Frankfurt / Deutschland

O Wenn Wunschtermin bereits ausgebucht, bitte Buchung zum Ausweichtermin in D/CH.

O Gerne möchten wir auf dem R/5-Symposium 2002 eine innovative Anwendung und/oder ein interessantes Kundenprojekt vorstellen. Bitte kontaktieren Sie mich, damit wir die Details absprechen können.

O Wir interessieren uns für einen Demonstrationspunkt in der Partner-Ausstellung.

○ Leider kann ich das R/5-Symposium 2003 nicht besuchen, bestelle aber die Teilnehmerunterlagen zum Preis von 55,00 Euro zzgl. MWSt. zur Zusendung nach der Veranstaltung.

Die Teilnahmegebühr beträgt 444,00 Euro für den ersten und 333,00 Euro für jeden weiteren Mitarbeiter der gleichen Firma (jeweils zzgl. MWSt.) und schließt den Besuch der Veranstaltung, Mittag- und Abendessen, Erfrischungsgetränke sowie die Teilnehmerunterlagen ein. Um den Austausch zwischen Forschung und Wirtschaft zu fördern, ist für Hochschulmitarbeiter und Studenten ein begrenztes Teilnehmerkontingent zum Nulltarif reserviert. Ein entsprechender Nachweis muss bei der Anmeldung erbracht werden.

Nach Eingang Ihrer Anmeldung erhalten Sie umgehend eine Bestätigung, sofern noch Plätze frei sind – anderenfalls informieren wir Sie sofort. Bis zu zwei Wochen vor dem gewählten Veranstaltungstermin können Sie kostenlos stornieren. Bei späterer Stornierung oder bei Nichterscheinen berechnen wir die gesamte Teilnahmegebühr. Selbstverständlich ist eine Vertretung des angemeldeten Teilnehmers möglich.

Für die Teilnehmer steht im Tagungshotel ein begrenztes Zimmerkontingent zum Vorzugspreis zur Verfügung. Nehmen Sie Ihre Reservierung bitte rechtzeitig selbst direkt im betreffenden Hotel mit Hinweis auf das R/5-Symposium 2002 vor.

Firmenstempel, Unterschrift:

____

Namen der Teilnehmer:

____

Gleich zurück an: Fax 01133-77444111

Erinnerungskarte

R/5-Symposium 2002
„Fast Solutions"

Sehr geehrter Herr Jansen,

das diesjährige R/5-Symposium rückt näher. Wir möchten Sie daher an die beiden deutschsprachigen Termine erinnern – nur noch wenige Plätze sind frei! Nutzen Sie diese Gelegenheit und sichern sich Ihre Teilnahme. Immerhin verspricht R/5 nicht weniger als bessere Anwendungen und zugleich geringeren Aufwand – also ein echtes Erfolgsrezept.

Ja, ich melde mich für das R/5-Symposium 2002 mit _____ Personen an. Mein gewünschter Termin ist:

O 16./17. Mai 2002 in Zürich / Schweiz
O 26./27. Juni 2002 Frankfurt / Deutschland

____

Datum, Unterschrift

Die Teilnahmegebühr beträgt 444,00 Euro für den ersten und 333,00 Euro für jeden weiteren Mitarbeiter der gleichen Firma (jeweils zzgl. MWSt.) und schließt den Besuch der Veranstaltung, Mittag- und Abendessen, Erfrischungsgetränke sowie die Teilnehmerunterlagen ein.

Wenn Sie das Veranstaltungsprogramm nicht mehr vorliegen haben, senden wir es Ihnen schnell noch mal per E-Mail oder Fax zu. Ein kurzer Anruf genügt!

Mit freundlichen Grüßen

Bertram Distelgruber
Marketing Director

Einfach die Karte ausfüllen und per Fax an uns zurück:
01133-77444111
und Sie sind dabei.

Hierbei können Sie als besondere Aufmerksamkeit beispielsweise auch eine Zugangsberechtigung oder einen Teilnahmecoupon versenden.

Persönliches Dokument: Boarding Card

Ihre Chance zum Abheben mit Cargo Experts

Sehr geehrte Frau Sonnenschein,

heute erhalten Sie Ihre Boarding-Card mit der persönlichen Glücksnummer. Damit können Sie an unserem Messestand einen Flug im Heißluftballon gewinnen. Stand 127/226 in Halle 5 auf der weltgrößten Logistikmesse „transport logistic 2001", in München am 15.-19. Mai.
Wir freuen uns auf Ihren Besuch!
Viel Glück wünscht Ihnen

Horst Welteke
Customer Support

Über Neues informieren

Weitere Anlässe für Folgemailings sind etwa eine inzwischen geänderte Gesetzeslage, neue Produkte oder Aktionen, auf die Sie Ihre Kunden aufmerksam machen.
Bei einer Folgemailingaktion profitieren Sie vom „Mere-Exposure-Effekt": der Empfänger erinnert sich vielleicht nicht mehr bewusst an Sie oder Ihr Produkt, doch der Inhalt Ihres Schreibens wird beim zweiten Mal leichter aufgenommen. Ihr Empfänger hatte schon einmal Kontakt mit Ihnen gehabt, sein Unterbewusstsein meldet ihm daher einen mehr oder weniger großen Bekanntheitsgrad, was die Vorbehalte gegenüber „Fremdem" reduziert.

Response erfassen: Das sollten Sie beachten

Erfassen Sie unbedingt getrennt nach dem genutzten Responsekanal die eingehenden Kundenkontakte möglichst unterschieden nach Absage/Interesse/Bestellung. So können Sie auch erkennen, welcher Weg von wem mit welcher Absicht gewählt wird. Beispielsweise könnte sich ergeben, dass die

„Besteller“ hauptsächlich telefonisch Kontakt aufnehmen, um keine Zeit zu verlieren und noch ausstehende Fragen direkt im persönlichen Gespräch zu klären. Währenddessen werden die „Absager“ bei einer Einladung vielleicht die Antwortkarte (unfrankiert) zurücksenden und die „Interessenten“ fordern zunächst einmal unverbindlich und ohne Mitarbeiterkontakt per Fax Infomaterial an. Diese Erkenntnisse können Sie bei Folgeaktionen entsprechend in die Konzeption einfließen lassen.

Heiße Phase in der ersten Woche

Interessant ist natürlich auch die Frage, wann und wie lange mit Response zu rechnen ist, gerade auch hinsichtlich der bereit zu stellenden Kapazitäten, um die Anfragen direkt entgegennehmen und bearbeiten zu können. Die Hälfte des Rücklaufs wird voraussichtlich innerhalb der ersten ein bis zwei Wochen eingehen, nach drei bis vier Wochen sind kaum noch Antworten zu erwarten. Nur wenige Empfänger werden Ihren Werbebrief abheften und zu einem späteren Zeitpunkt Kontakt aufnehmen. Je nach Angebot und Reaktionsziel kann aber auch weit über die Hälfte innerhalb der ersten Tage antworten. Besonders bei Schnäppchen-Angeboten werden sich die Anfragen sehr zeitnah einstellen.

Schnelle Bearbeitung

Belohnen Sie die Reagierenden mit einer prompten Zusendung des angeforderten Materials beziehungsweise der bestellten Ware. Legen Sie ein freundliches Begleitschreiben bei, in dem Sie Dank und/oder Willkommen aussprechen.

Nachfassen – so gelangen Sie zum Erfolg

Letzte Zweifel und Hindernisse ausräumen

Eventuell lohnt sich eine Nachfassaktion bei den Nicht-Reagierenden. Dazu bietet sich ein zweites Anschreiben an – immerhin kennt man Sie nun ja bereits. Damit Ihr erstes Anschreiben noch nicht in Vergessenheit geraten ist und Sie nicht wieder von Null anfangen müssen, planen Sie Ihre Nachfassaktion so, dass der Kunde in der Folgewoche der ersten Aussendung wieder von Ihnen hört. Knüpfen Sie an die Argumentation des ersten Anschreibens an, fassen Sie die zentralen Vorteile nochmals zusammen und fragen Sie, ob der Kunde weitere Informationen oder einen Beratungstermin möchte. Machen Sie ihm das Antworten wieder leicht und bauen Sie eventuelle Hindernisse wie Zweifel oder Unsicherheit durch Belege, Testimonials oder Garantien aus dem Weg.

Nachfassen per E-Mail

Eine billigere Variante ist die E-Mail. Fragen Sie darin unbedingt, ob der Kunde weitere Mails von Ihnen erhalten möchte und bieten Sie ihm eine einfache Reaktionsmöglichkeit an. Laut neuem UWG brauchen Sie das Einverständnis des Empfängers, bevor Sie ihm Werbemails senden. Das gleiche gilt für Fax und Telefon. Wenn es um die Wiederbelebung von ehemaligen Kunden geht, dürfen Sie anrufen, bei Neukontakten nicht ohne Erlaubnis. Die Frage ist, ob Sie bei Ihrem Anruf gleich im ersten Satz das Einverständnis für diesen Anruf einholen wollen und der Kunde da mitspielt.

Interessenten sollten Sie auf jeden Fall weiter kontaktieren, denn diese haben bereits reagiert und grundsätzliches Interesse gezeigt. Dieses gilt es in einer Nachfassaktion in eine konkrete Bestellung umzuwandeln. Die zugrunde liegenden Regeln sind die gleichen wie beim ersten Anschreiben, außer dass Sie sich nun auf den inzwischen bestehenden Kontakt beziehen können.

Telemarketing

Eine Alternative zur schriftlichen Nachfassaktion bietet eine Telefonaktion. Diese darf sich zwar auf das vorangegangene Mailing beziehen, erfordert aber eine eigene Konzeption. Zudem sollte Telemarketing nur von erfahrenen Fachkräften durchgeführt werden. Organisations- und Zeitaufwand wie auch der Finanzbedarf sind also nicht unerheblich und sollten dem erwarteten Erfolg entsprechen. Nach der neuesten Fassung des UWG müssen Sie für Neukontakte eine schriftliche Einverständniserklärung des Adressaten einholen, was dieses Vorgehen erschwert.

Vor- und Nachteile

Das direkte (Telefon-)Gespräch mit dem Kunden bietet Ihnen aber ganz eigene Vorteile: So haben Sie die Möglichkeit, individuell auf die Kundenbedürfnisse einzugehen und gibt Ihnen dadurch möglicherweise Hinweise auf eine sinnvolle Erweiterung beziehungsweise Veränderung Ihres Angebotes. Auch können evtl. bestehende Unklarheiten erkannt und ausgeräumt werden. Dagegen spricht, dass sich selbst Bestandskunden durch Anrufe belästigt fühlen können, insbesondere wenn Sie einen ungünstigen Zeitpunkt erwischen.

Praxis-Beispiel

Inhalte von Nachfass-Anrufen

- Angebot erhalten? Fragen hierzu?
- Individuelle Wünsche?
- Grundsätzliches Interesse am Produkt/an Informationen?
- Beratungstermin?
- Lieferung erhalten? Alles ok?
- „Insiderinfo": Tipp zu einem speziellen Thema
- Gewinnmitteilung

Beratung durch Profis

Über Möglichkeiten und Einsatzbereiche von Telemarketing informieren Sie Direktmarketingagenturen und Call-Center. Die Adressen finden Sie im Branchenverzeichnis. Grundsätzlich eignet sich Telemarketing sowohl als Nachfass-Instrument wie auch zum Vorsondieren bzgl. Ansprechpartner, Bedarfslage und Interesse. Das strategische Vorgehen sollte bereits zu Beginn mit den zuständigen Abteilungen beziehungsweise externen Beratern abgestimmt werden.

Nicht vergessen: Erfolgskontrolle

Wie den Erfolg definieren?

Kernaussage der Responseerfassung ist natürlich die prozentuale Antwortquote und die Summe der generierten Umsätze. Erfahrungen aus dieser und vergangener Mailaktionen sollten langfristig zu einem immer effektiveren Einsatz des Mediums Werbebriefe führen. Allerdings sind damit nicht unbedingt höhere Rückläufe und Umsätze verbunden. Teilweise gilt das Bemühen um Effizienzsteigerung einzig der Begrenzung des rückläufigen Konsumenteninteresses. Im Zuge der steigenden Informationsflut werden einzelne Aussagen immer weniger wahrgenommen und die Bereitschaft zur Auseinandersetzung mit neuen Inhalten und Kontakten sinkt.
Zweistellige Responsequoten sind daher schon die Ausnahme, aber durch intensive Zielgruppenauswahl und eine stark individualisierte Ansprache durchaus zu erreichen.
Um den Effekt einer Mailing-Aktion eindeutig bestimmen zu können, ist eine Kontrollgruppe erforderlich. Der Grund: ein Anstieg an Bestellungen

kann auch rein saisonal oder durch andere Werbemaßnahmen bedingt sein. Diese Kontrollgruppe muss in ihrer Zusammensetzung den Empfängerdaten entsprechen, damit die beiden Gruppen vergleichbar sind.

Haben Sie verschiedene Varianten und/oder an mehrere Zielgruppen verschickt, können Sie den Rücklauf detailliert nach Kundengruppen oder Angebot auswerten. Oder Sie sortieren nach Art der Reaktion: Besuch der Website, Anfordern von Informationsmaterial, Bestellung.

Unterscheidungsmerkmale und Kundengruppen

Eine weitere Möglichkeit besteht darin, aus dem Responseverhalten Kundenklassen zu bilden: reaktivierte Altkunden, Neukunden, Stammkäufer, aber auch nach dem Bestellumfang: Testkäufer, Mengenkäufer, Premiumkunden. Diese Erkenntnisse sollten in die nächste Kampagnenplanung einfließen. Ihre Kundendatei wird umso wertvoller, je größer ihr Umfang und je mehr Differenzierungsmöglichkeiten sich bieten.

Response ist nicht gleich Umsatz

Hohe Responsezahlen sind erstrebenswert, müssen jedoch nicht hohe Umsätze bedeuten. Umgekehrt kann mit wenigen, großen Aufträgen ein guter Return of Investment erfolgen, also der Erlös des getätigten Einsatzes. Der Break-even beschreibt dabei den Punkt, ab dem Sie mit Ihrer Aktion die Gewinnzone erreichen. Kalkulieren Sie mit nicht mehr als ein bis drei Prozent Rücklauf. Bedenken Sie, dass Ihr Kunde auch von anderer Seite ähnliche Angebote erhält. Gerade deshalb sind Vertrauen und Sympathie so wichtig bei der Kaufentscheidung.

CpI und CpO

Weitere Messzahlen zur wirtschaftlichen Erfolgskontrolle sind „Cost per Interest“ und „Cost per Order“. Der CpI gibt die Gesamtkosten der Aktion geteilt durch die Anzahl der gewonnenen Interessenten an. Sie erfahren dadurch also, wie viel Sie jeder neue Interessent gekostet hat.

Erforderlicher Bestellumfang

Beim CpO ermitteln Sie die Gesamtkosten der Aktion geteilt durch die Anzahl der Besteller. Daraus erkennen Sie, wie hoch die Bestellungen im Durchschnitt sein müssen, um die Kosten wieder einzuspielen. Insbesondere im Vorfeld der geplanten Aktion können Sie mit einer Tabelle ermitteln, ab welcher Bestellerzahl Sie bei einem durchschnittlichen/minimalen Bestellumfang in die Gewinnzone geraten. Aber bedenken Sie bei all dem auch den Langzeiteffekt. So werden zufriedene Neukunden wahrscheinlich wiederholt bei Ihnen kaufen, und bei den Nichtbestellern haben Sie sich immerhin schon einmal bekannt gemacht. Damit haben Sie zumindest eine Position in deren Köpfen errungen.

Datenpflege: So bleiben Ihre Adressdaten aktuell

Immaterielle Nebeneffekte

Neben den Umsätzen ist aber auch die Erweiterung und Aktualisierung der Kundendatenbank ein wertvoller Effekt, der sich auf nachfolgende Aktionen nutzbringend auswirkt. Ein weiterer, unsichtbarer Effekt ist der – hoffentlich positive, sympathische – Eindruck, der von Ihrem Unternehmen zumindest unterbewusst beim Empfänger hängen bleibt. Beim Folgekontakt können Sie somit nachträglich durchaus von vorangegangenen, vermeintlich erfolglosen Aktionen profitieren.

Gute Software spart Zeit und Geld

Daraus ergibt sich die Notwendigkeit, alle neu gewonnenen Erkenntnisse aus der letzten Direktmarketingaktion sorgfältig in die bestehenden Datenbänke einzupflegen. Sowohl aus Gründen der einfachen Handhabung, wie auch wegen der vielfältigen Möglichkeiten der Auswertung und Selektion ist es sinnvoll, mit einer professionellen, ausgereiften Software zu arbeiten. Die Investitionen sind überschaubar und zahlen sich durch Zeitersparnis und höhere Datenqualität schnell aus.

Vorausverfügung nutzen?

Wer seine Direktmail-Aktion nicht auswertet, verschenkt wertvolle Informationen für weitere Kampagnen. Dabei ist auch zu erwägen, ob die unzustellbaren Sendungen per Vorausverfügung „Wenn unzustellbar zurück an den Absender" erfasst werden sollen. Einerseits hilft dies bei der Aktualisierung der Adressdaten, andererseits vermittelt ein solcher Aufdruck auf dem Kuvert dem Empfänger gleich, dass hier „ins Blaue" hinein versendet wurde und seine Existenz als Empfänger nicht einmal als sicher vorausgesetzt wurde. Eine durchaus zweischneidige Angelegenheit.

To do or let to do?

Als Unternehmer stellt sich Ihnen die Frage, ob Sie Ihre Werbebriefe selbst verfassen wollen oder Dienstleister hiermit beauftragen sollen.

Die Antwort wird vom Einzelfall abhängen. Wenn Sie sich in Formulierung und Gestaltung sicher sind, verfassen Sie Ihre Briefe selbst. Vorteile sind dabei ganz klar darin zu sehen, dass Sie die Zeit für Briefing, Präsentation und Korrekturbesprechung sparen sowie auch die Kosten für externe Dienstleister.

Externe Kosten sparen

Sie werden allerdings mehr Zeit für ein befriedigendes Ergebnis benötigen als Sie zuvor dachten. Für Führungskräfte bedeutet das zusätzliche (Über-)Stunden.

Vorsicht Zeitfalle!

Wenn Sie einen Mitarbeiter beauftragen, sparen Sie zwar Ihre eigene Zeit, bezahlen aber meist einen Nicht-Fachmann für die Erledigung einer Aufgabe, deren Ergebnis Sie selbst verantworten müssen. Der Mitarbeiter muss für die Ausarbeitung seine sonstigen Pflichten zurückstellen, Besprechungen und Abstimmungen erfordern weitere Zeit.

Auch Nicht-Fachleute kosten Geld

Umgekehrt können Sie das neu gewonnene Wissen über Werbebriefe auch dahingehend nutzen, dass Sie eine Agentur zielgerichtet briefen und deren vorgestellte Entwürfe mit hohem Sachverstand realistisch bewerten.

Agenturen briefen

Wenn Sie eine Agentur beauftragen wollen

Große Agenturen bieten Ihnen den Vorteil einer umfassenden Betreuung vom Firmenauftritt über die Produktpräsentation und Messeauftritt bis hin zur Internet-Präsenz. Ein ganzes Team von motivierten Fachleuten steht Ihnen hier unter einem Dach für alle Marketing- und PR-Fragen zur Verfügung. Für große Unternehmen auf jeden Fall die richtige Wahl.

Komplettservice

Kleinere Agenturen sind oftmals spezialisiert auf PR, Direktmarketing, Verpackungsgestaltung, Messepräsentation, Webdesign, Werbespots, Kommunikationsdesign, DTP, Plakatwerbung oder Anzeigengestaltung etc. Hier gilt es den richtigen Partner herauszufinden. Über aktuelle Kosten (2004) in-

Spezialisierungen

formiert eine Veröffentlichung der Verlagsgruppe Handelsblatt unter dem Titel *Das kostet Kommunikation*. Die Stundensätze für Konzeption, Text und Grafik liegen in der Regel zwischen 70 und 150 Euro, abhängig von der Größe, der Kalkulation und des Renommees der Agentur.

Empathie gefragt

Bei aller Fremdleistung muss gewährleistet bleiben, dass Sie sich mit dem Produkt identifizieren können. Für die betreuende Agentur bedeutet das ein hohes Maß an Einfühlungsvermögen und auch Identifikation mit Ihrem Unternehmensprofil. Das ist auch der Grund, warum so viele Kontrakte zwischen Unternehmen und Agentur aufgelöst werden. Bei allem Respekt vor dem kreativen Nachwuchs: die Realität eines 50-jährigen Unternehmers, der große, grüne Maschinen verkauft, ist für sie oftmals zu weit entfernt. Daher finden junge Agenturen eher mit jungen Unternehmen zusammen und wenden sich alteingesessene Unternehmen eher an die etablierten Agenturen.

Ein wichtiger Aspekt: das „Feeling" muss stimmen. Für eine gute Zusammenarbeit und ein entsprechend produktives Ergebnis ist es hilfreich, wenn man sich auf einem freundschaftlichen Niveau begegnet (ohne gleich Freundschaft schließen zu müssen). Daher lohnt es sich durchaus, sich bei der Wahl der passenden Agentur etwas Zeit zu lassen.

Experten-Tipp

Keine Angst vor kleinen Preisen!

Achten Sie bei der Auswahl der Agentur weniger auf die Referenzen als mehr darauf, dass man Sie mit Ihrem Anliegen ernst nimmt, versteht und dass „die Chemie" stimmt. Auch die Größe oder der Preis sind kein Garant für ein gutes Ergebnis. Ein zehnmal so hoher Preis steht nicht für zehnmal so hohe Qualität.

Die einfachere Lösung: Textbüros

Günstige Lösung

Wenn Ihnen als mittelständisches oder kleineres Unternehmen die Kosten für eine Agentur zu hoch sind und Sie keinen persönlichen Kontakter oder Consultant brauchen, dann können Sie es sich auch einfacher machen, indem Sie im Branchenbuch ein Textbüro suchen, das wegen einem Werbebrief nicht gleich eine ganze Armee in Bewegung setzt und Ihnen die Arbeit zu einem überschaubaren Preis abnimmt. Die Stundensätze freier Texter und Grafiker liegen meist zwischen etwa 25 und 80 Euro. Auch hier zählt die Erfahrung, die Kalkulation und das Renommee. Kreative, die durch ihre Tätigkeit für große Konzerne an hohe Stundensätze gewöhnt sind, kosten mehr. Qualität und Preis variieren teilweise beträchtlich, sodass es durchaus Sinn macht, sich für Grafik und Text Vergleichsangebote einzuholen.

Arbeitsproben

Beachten Sie bitte den Unterschied zwischen Schreib- und Textbüro: erstere übertragen Ihnen große Datenmengen in den PC ein oder scannen Ihre Textquellen. Textbüros dagegen bieten Ihnen die konzeptionelle und sprachliche Gestaltung von z. B. Broschüren, Websites und Werbebriefen. Diese finden Sie meist unter der Rubrik „Werbetexte". Lassen Sie sich Arbeitsproben zeigen und fragen Sie nach dem ungefähren Kostenrahmen. Ungefähr deshalb, weil jeder Werbebrief ein Unikat ist. Die Kosten lassen sich im Voraus nur anhand von vergleichbaren Aufträgen abschätzen. Der Aufwand ist dabei jedoch stark abhängig von folgenden Faktoren:

- Brauchbarkeit des Ausgangsmaterials (auch in digitaler Form vorliegend?)
- Exaktheit des Briefings (klare Ziel(gruppen)definition?)
- Spätere Änderungen in der Konzeption
- Anzahl der Entwürfe und Varianten
- Anzahl der Überarbeitungen und Korrekturen
- Anzahl der Komponenten (Anschreiben, Flyer, Responseelement, Gutschein, Gewinnspiel, etc.)
- Anzahl der Präsentationstermine
- Erfahrung der Kreativen, Rechercheaufwand

Sparpotenzial kennen und nutzen

Damit kennen Sie auch das Sparpotenzial für die Erstellung von Werbebriefen. Eine gute Möglichkeit Kosten zu reduzieren ist, einen Entwurf zu machen und diesen von einem Profi ausarbeiten zu lassen. Ein Texter kann, basierend auf Ihren Entwürfen, weitere stilistische und konzeptionelle Alternativen entwickeln, die spezielle Vorteile bei der Ansprache einzelner Zielgruppen aufweisen. So gewinnen Sie nebenbei auch eine exaktere Perspektive für Ihre momentane Position und die sich bietenden Möglich-keiten. Ein weiterer Vorteil: Sie haben sich bereits intensiv Gedanken zum Thema gemacht und bringen Ihre Ideen von Anfang an ein. Der Texter kann hieraus gleich erkennen, in welche Richtung Sie wollen. Legen Sie beispielsweise einen gut ausgearbeiteten Entwurf vor, so kann ein Texter oft mit relativ geringem Arbeitsaufwand einen zugkräftigeren Auftritt realisieren.

Konzept muss stimmen

Doch Vorsicht: ist die gesamte Konzeption nicht schlüssig, so kann die Überarbeitung letztlich aufwändiger sein und damit teurer kommen als eine komplette Neuanfertigung. Wenn Sie sich nicht ganz sicher sind, wie gut Ihr Entwurf tatsächlich ist, machen Sie die Probe und geben Sie Ihr ausgearbeitetes Mailing an einen Textprofi. Die Erfahrung zeigt, dass meist noch einiges an Feinarbeit möglich beziehungsweise nötig ist.

Blick von außen

Ein ganz besonderer Vorteil eines externen Profis besteht zweifellos in der unvoreingenommenen Sichtweise. Durch die permanente Auseinandersetzung mit Ihrem Unternehmens fokussiert der Blick auf bestimmten Themen, während andere nicht oder nur unzureichend wahrgenommen werden – besonders nicht hinsichtlich ihrer Bedeutung für die Außendarstellung Ihres Unternehmens.

Breitenwirkung jeden Wortes

Schließlich geht es darum, wie Ihr Unternehmen von der Umwelt wahrgenommen wird, und da wirkt jeder Fehltritt in der vollen Auflage der Mailingaktion. Wenn Sie die übrigen Kosten bedenken, die bei der Realisierung von Mailings, aber auch von Broschüren, Webtexten und Dokumentationen entstehen, und welche Breitenwirkung von einmal definierten Inhalten ausgeht, so sollte die Entscheidung leicht fallen, im textlichen Bereich ebenso selbstverständlich wie in der Grafik und der Fotografie von fachlicher Unterstützung zu profitieren.

Experten-Tipp

Qualifikation prüfen

Wer Anzeigen und Fernsehspots konzipiert, muss nicht automatisch gute Werbebriefe entwickeln. Lassen Sie sich von Textern, Grafikern und Fotografen Arbeitsproben zeigen. Daran erkennen Sie, ob Ihnen der Stil gefällt, beziehungsweise ob der Dienstleister flexibel genug ist, sich auf Ihr Unternehmen einzustellen. Es ist wie überall: man merkt schnell, ob man miteinander arbeiten kann.

Fulfilment: Wenn Sie möglichst viel outsourcen wollen

Rundum Outsourcing

Immer mehr Dienstleister im Direktmarketing wie Lettershops, Agenturen Call-Center und auch die Deutsche Post bieten ihren Kunden mehr als eine einzelne Dienstleistung an. So führen beispielsweise manche Telemarketing-Agenturen nicht nur Telefongespräche mit den Kunden des Auftraggebers, sondern übernehmen von der Bestellannahme über den Warenversand bis zur Rechnungsstellung weitere Dienstleistungen. Weitere Fulfilment-Dienste sind Kundenbetreuung, Konfektionierung, Lagerverwaltung, Datenpflege, Adressqualifizierung, Reklamationsmanagement und Controlling. Je nach Branche, Produkt und Qualifikation der eigenen Mitarbeiter lässt sich so einiges outsourcen. Natürlich hat das seinen Preis, andererseits reduzieren sich eigene Personal- und Lagerkosten. Probleme beim Outsourcen von Kompetenz sind die erforderliche Vermittlung spezieller Produktkenntnisse und die Abhängigkeit von Externen.

Das Briefing: So schaffen Sie Klarheit

Das A und O: Gutes Briefing

Wenn Sie eine Agentur, ein Call-Center oder freiberufliche Kreative beauftragen wollen, müssen Sie diesen klare Informationen darüber geben, wer Sie sind und was Sie erreichen wollen. Je exakter Ihre Aussagen, desto schneller und besser können die Auftragnehmer Ihre Vorstellungen realisieren. Bei diesen so genannten Briefings kommt es immer wieder zu Problemen, die das Projekt und manchmal auch die Beziehung der Vertragspartner belasten. Gründe hierfür sind meist unklare Zielvorgaben, schlechte Vorbereitung, Zeitdruck und mangelnde Kommunikation. Daher soll Ihnen die folgende Checkliste helfen, die wichtigsten Informationen korrekt weiter zu geben.

Checkliste Briefing

Was	Antwort
Wer sind Sie? – Darin machen Sie Aussagen zu Selbstverständnis, Credo, Ausrichtung, Philosophie Ihres Unternehmens.	
In welchem Umfeld agieren Sie? – Hier geht es um Ihre Positionierung, Ihre Branche und den Wettbewerb.	
Was ist der USP Ihres Unternehmens oder Produktes? – Definieren Sie Ihre Einzigartigkeit.	
Welche Kommunikationswege und -formen wurden bereits, sollen noch oder dürfen nicht benutzt werden? – Berichten Sie Ihre Erfahrungen und Ihre Erwartungen.	
Welches Material Ihrer bisherigen Unternehmenskommunikation können Sie zur Verfügung stellen? – Man muss einerseits das Rad nicht jedes Mal neu erfinden, und andererseits Fehler nicht wiederholen. Außerdem gilt es, die werbewirksamen Elemente (Geschäftsausstattung, Broschüren, Website, Mailings, Logo, Anzeigen, Verpackungsdesign) aufeinander abzustimmen.	
Was ist das Ziel der Aktion? – Information, Imagepflege, Akquise erfordern unterschiedliche Konzepte.	
Welche (branchenspezifischen) Besonderheiten sind zu berücksichtigen? – Wettbewerbsrecht, gesetzliche Schutzauflagen, Verbandsregularien, etc.	
Was ist Ihre Botschaft? – Was soll der Werbebrief im Kern kommunizieren?	
Wie lautet das Angebot? – Genaue Fakten zu Menge, Preis, Frist, Bedingungen.	
Welche Zielgruppen sollen erreicht werden? – Auswahl vorhandener Kundenkontakte und Fremdadressen; Presse, Händler, Dienstleister.	
Welche thematischen, zeitlichen und/oder finanziellen Beschränkungen bestehen? – Etat, Auflagenhöhe, Versandtermin, Beilagen, Gewinnspiel, etc.	
Welche Responsekanäle werden angeboten? – Bereitstellung der technischen und menschlichen Ressourcen.	
Was passiert nach der Aussendung? – Responseerfassung, Nachfassaktion, Folgemailings, Erinnerungsschreiben, Abwicklung.	

Ist eine Verzahnung mit anderen Aktionen geplant? – Anzeigen, TV-Spots, Plakate, Newsletter, Website-Specials.	
Wer sind die verantwortlichen Ansprechpartner in Unternehmen und Agentur? – Ggfs. trennen nach Kompetenzbereichen. Ziel: je ein Ansprechpartner für jedes Ressort, bei überschaubaren Aktionen möglichst nur ein Verantwortlicher für das Gesamtprojekt.	
Was ist exakt zu leisten? – Erstellen oder Beauftragung eines detaillierten Aufgabenkatalogs mit verbindlicher Zeitplanung.	
Wie wird der Projektfortschritt kontrolliert? – Zwischenpräsentationen oder Statusberichte vereinbaren.	
Wie war das noch? – Protokollieren aller Meetings mit klaren ToDo's, Namen und Terminen. Lassen Sie die Protokolle von den Beteiligten prüfen und bestätigen.	
Wie wird der Erfolg gemessen? – Vereinbaren klarer Zielerreichungskriterien bei (teilweise) erfolgsabhängiger Entlohnung.	
Wie teuer wird das? – Fordern Sie einen Kostenvoranschlag, am besten gestaffelt nach Anzahl der Varianten oder in Abhängigkeit der Auflage und des Druckverfahrens etc.	

Individuelle Projektkosten

Bedenken Sie dabei jedoch, dass der Aufwand der Agentur für eine Kostenschätzung in Abhängigkeit von mehreren Variablen (Papier, Versandform, Druck, Zusatzleistungen, Varianten etc.) unnötig groß wird. Im eigenen Interesse – schließlich wird die Agentur diese Leistung nicht umsonst erbringen.
Eine exakte Kostenschätzung ist bei Kreativleistungen ohnehin schwierig. Je exakter Sie die Kostenseite von Anfang an fixieren wollen, desto mehr drängen Sie die Agentur dazu, auf durchschnittliche Erfahrungswerte zurück zu greifen. Damit fahren Sie nicht unbedingt günstiger als bei einer exakten, aufwandsbasierten Abrechnung.

Kostenhorizont

Bewährt hat sich daher die Angabe eines Kostenhorizontes, der in Abhängigkeit von Aufwand und Dauer bis zur Auftragserfüllung einen Bereich von x bis x+y Euro vorgibt. Der Vorteil: der Auftraggeber erkennt das Einsparpotenzial (y), auf das er durch unterstützendes Mitwirken im eigenen Interesse beitragen kann. Der Nachteil: der Kunde fixiert meist eher den unteren Betrag, die Agentur kann einen entstandenen höheren Aufwand nur schwer weitergeben. Daher ist ein gutes Vertrauensverhältnis mindestens ebenso wichtig wie die fachliche Qualifikation.

Preisdruck hilft niemandem

Gibt ein Kreativbüro ein zu niedriges Angebot ab, so stehen alle Beteiligten von Anfang an unter dem Stress, die Kosten könnten über das kalkulierte Limit steigen. In einer solchen Situation werden selten kreative Hochleistungen erbracht. Daher ist es unter Umständen günstiger, einem höheren Angebot zu folgen. Schließlich steht und fällt die Aktion mit der Qualität aller Bestandteile. Der Autor dieses Buches beispielsweise reicht Aufwands- und Kosteneinsparungen direkt an seine Kunden weiter – ein Dank für die effektive Zusammenarbeit und kundenseitige Entschlussfähigkeit, die dem Auftraggeber damit direkt zugute kommt.

Ihre Checkliste als Auftraggeber

Qualität beurteilen

Wenn Sie Ihre Mailingaktionen von Profis entwickeln lassen, sollten Sie was die Qualität angeht auf der sicheren Seite sein. Die Lektüre dieses Buches versetzt Sie jedoch gerade auch als Auftraggeber in die Lage, die vorgelegten Arbeiten fachlich fundiert zu beurteilen.

Ziele erreicht?

Die nachfolgende Liste hilft Ihnen bei der Prüfung, ob die vorliegenden Texte tatsächlich auch das sind, was Sie momentan für Ihre Zielgruppe brauchen. Der Agentur kann die Checkliste dazu dienen, die entwickelten Entwürfe (vor der Präsentation!) zu prüfen, ob Sie die Anforderungen ihres Kunden erfüllen. Für beide Anwender ersetzt diese Liste nicht die nachfolgende Checkliste vor dem Druck. Vielmehr dient sie als vorgeschaltete Ergänzung zur inhaltlichen und stilistischen Prüfung.

Checkliste Konzeption II

Was	ja	nein
Stimmt das Ergebnis mit den im anfänglichen Briefing definierten Anforderungen überein?	✓	
Ist Ihre anfängliche Initialidee noch enthalten?		
Wenn Abweichungen vorgenommen wurden, sind diese begründet und nachvollziehbar?		
Haben Sie Ihre Zielgruppe klar definiert?		
Entspricht das Schreiben dem Geschmack und den Erwartungen der anvisierten Zielgruppe?		
Reizt die Headline zum Einstieg in das Mailing?		
Kommen Sie gleich auf den Punkt?		
Verstärkt das PS die gewünschte Reaktion?		
Ist der Inhalt von Headline und PS auf einen Blick erfassbar?		
Sind Ansprache und Grußformel persönlich gewählt?		
Ist die Perspektive auf den Kunden gerichtet?		
Kommt der Kundennutzen beim Leser an?		
Sind die Aussagen kurz und präzise?		
Bleiben für den Empfänger noch Fragen offen?		
Weiß der Empfänger, was er nun zu tun hat?		
Passen die Response-Möglichkeiten zu den Gewohnheiten und zur technischen Ausstattung der Zielgruppe?		
Ist das gemachte Angebot attraktiv genug für den Empfänger?		
Ist der offerierte Mehrwert ausreichend?		
Ist die Mischung von emotionaler und rationaler Ansprache gelungen?		
Sind die Kerninformationen leicht erfassbar?		
Gibt es Widersprüche?		
Sind alle wichtigen Argumente enthalten und klar verständlich?		
Wurden die wichtigsten Punkte deutlich hervorgehoben?		

Sind die Richtlinien der CI und des CD berücksichtigt?		
Sind evtl. verwendete Bilder aussagestark und leicht erfassbar?		
Passt der Schreibstil zur Zielgruppe?		
Ist die Sprache natürlich und bildhaft?		
Wurden Fremdwörter und Negativ-Formulierungen vermieden?		
Wird der Leser ausreichend zur Reaktion motiviert?		
Wurde an einen Ansprechpartner gedacht?		
Wurde handschriftlich unterzeichnet?		
Ist die Position des Unterzeichners genannt?		
Transportiert das Anschreiben die Persönlichkeit des Absenders?		
Bleibt die Spannung zum Weiterlesen für den Empfänger bis zum Schluss erhalten?		
Gibt es beim lauten Vorlesen noch Stolperstellen?		
An welcher Stelle würden Sie als Empfänger zweifeln oder widersprechen?		
Sind die Inhalte bei Unklarheiten rechtlich geprüft und freigegeben?		
Wurden Variationen für einen Testversand entworfen?		
Wurde mit dem ersten Mailing bereits eine Strategie für Folgemailings entwickelt?		
Kann der Empfänger sich einfach mit einem „Nein" entziehen?		
Haben Sie ihm die Entscheidung leicht gemacht?		
Findet er seine gewünschte Antwortmöglichkeit auf Anhieb?		

Experten-Tipp

Prüfen des fertigen Mailings

Zeigen Sie es vielen Leuten, aber hören Sie nicht auf deren Meinung!

Ihre Botschaft

Bleiben Sie bei Ihrer Aussage, die Ihr Anliegen im Kern transportiert. Das ist Ihre persönliche Botschaft an die Empfänger – nicht die Ihrer Testleser. Diese würden natürlich manches anders machen, aber es ist schließlich *Ihr* Schreiben, und es ist *Ihre* Aufgabe, *Ihre* Botschaft so glaubwürdig und kohärent wie möglich zu verfassen. Und dazu muss das Schreiben *Ihrer* Persönlichkeit und Philosophie entsprechen.

Was Sie jedoch durchaus tun sollten, ist zu prüfen, ob Ihr Schreiben die geäußerten Bedenken und Wünsche berücksichtigt. Auch sollten keine Verständnisprobleme auftauchen. Gegebenenfalls können Sie diesbezüglich Änderungen vornehmen, um wichtige Aspekte aus der Leserperspektive nicht zu übersehen – aber bleiben Sie bei Ihrer persönlichen Aussage.

Ihre Initialidee

Nun ist auch der Zeitpunkt gekommen zu prüfen, was aus der Initialidee geworden ist. Sie erinnern sich? Ganz zu Beginn dieses Buches haben Sie Ihre persönliche Initialidee definiert. Hoffentlich ist deren Geist bis hierher unverfälscht geblieben. Immerhin stand diese Initialidee für Ihre ganz persönliche Motivation, eine Mailing-Aktion durchzuführen. Wenn Sie davon abgerückt sind, sollte es entsprechend gute Gründe dafür geben. Für das Ergebnis kann Ihnen besonders ein Kriterium Aufschluss geben:

Finden Sie sich und Ihr Anliegen darin wieder?

Ihre Checkliste vor dem Druck

Sicher ist sicher

Bevor Ihr Meisterwerk zum Druck geht, checken sie noch mal alles durch. Nach all der vielen Arbeit wäre es zu schade, den entscheidenden Fehler erst nach dem Druck zu finden!

Experten-Tipp

Zeit schafft Abstand

Drucken und versenden Sie ein Anschreiben nie direkt nach dem Verfassen. Gleich wie gut Ihr Entwurf gelungen sein mag, am nächsten Tag wird er besser! Mit dem nötigen Abstand werden Sie dann einige Passagen entdecken, die noch zu schleifen sind. Lesen Sie den Brief nach der Überarbeitung laut vor und prüfen Sie, ob der Text noch flüssig klingt.

Checkliste vor dem Druck

Was	ja	nein
Ist das Adressmaterial vollständig, aktuell und geprüft?	✓	
Stimmen die Adressdaten: auf dem Umschlag, im Adressfeld und in der Anrede?		
Ist der Umschlag zielgruppengerecht gestaltet?		
Wurde das richtige Briefpapier ausgewählt?		
Stimmt das Datum auf dem Anschreiben?		
Ist die Schrift gut lesbar?		
Ist die Druckvorlage von guter Qualität?		
Wie wirkt das Gesamtbild des Mailings?		
Sind die Absätze übersichtlich gegliedert?		
Sind alle Kontaktdaten enthalten, richtig und leicht zu finden?		
Ist der Absender erkennbar?		
Ist ein Antwortelement beigefügt?		
Ist es leicht verständlich und schnell auszufüllen?		
Enthält es alle vertragsrelevanten Angaben?		
Wurde eine Garantie oder ein Rücktrittsrecht gewährt?		
Stimmen Rechtschreibung und Interpunktion?		
Haben mindestens zwei Personen Korrektur gelesen?		
Spricht etwas gegen einen sofortigen Versand, gibt es einen günstigeren Zeitpunkt?		
Wann sollen die Empfänger das Mailing auf dem Tisch haben?		
Soll es eine Nachfassaktion geben (schriftlich/telefonisch)?		

Nun sollte an alles gedacht sein. Die Produktion kann anlaufen. Mit Spannung werden Sie die ersten Reaktionen auf Ihre Aussendung erwarten. Und die sollten nicht lange auf sich warten lassen. Viel Erfolg!

Glossar

Adressenverlage:

Anbieter von Adressen, selektiert nach Gebiet und/oder Zielgruppe.

B2B – Business to Business:

Korrespondenz und Geschäfte zwischen Unternehmen.

B2C – Business to Consumer:

Korrespondenz und Geschäfte zwischen Unternehmen und Endverbraucher.

Brainstorming:

Unzensierte Ideensammlung. Man notiert einfach alle Einfälle, ohne diese erst zu bewerten. Durch spontanes, unreflektiertes Antworten werden Assoziationen deutlich und Bezüge zu anderen Bereichen sichtbar.

Break-even:

Der Break-even kennzeichnet den Punkt, ab dem die Kosten einer Aktion durch die Einnahmen gedeckt sind und damit den Eintritt in die Gewinnzone.

Briefing:

Einweisungsgespräch, in dem der Auftraggeber wichtige Informationen und Instruktionen zu der durchzuführenden Aufgabe an die Auftragnehmer weitergibt.

Bullet Points:

Gliederungspunkte am linken Textrand.

Call-Center:

Innerbetriebliche oder externe Telefonzentrale. Hier werden die telefonischen Rückläufe einer Werbeaktion von geschulten Fachkräften entgegen genommen. Anrufer werden im Call-Center beraten und können hier direkt eine Bestellung oder Beschwerde aufgeben (inbound). Umgekehrt bieten Call-Center auch aktives Telefonmarketing, d. h. Ihre Kunden oder Kontaktadressen werden angerufen und nach ihrem Interesse hinsichtlich Waren und Dienstleistungen des Auftraggebers gefragt (outbound).

Copy:

Der Text in einer Anzeige oder in einem Mailing. Longcopy steht für Fließtext, Copywriter ist der Werbetexter.

Corporate Identity:

Alles, was das Credo des Unternehmens ausmacht – die Unternehmenspersönlichkeit, das Selbstverständnis. Hier geht es um die grundsätzliche Position des Unternehmens, um seine Philosophie.

Corporate Design:

Hierunter versteht man den optischen Auftritt, das Erscheinungsbild des Unternehmens von der Geschäftsausstattung über die Web-Präsenz bis hin zur Fahrzeug- und Gebäudegestaltung. Der Wiedererkennungswert des Unternehmens und seiner Marken stehen hierbei im Vordergrund.

Cost per Interest:

Gesamtkosten der Aktion geteilt durch die Anzahl der gewonnenen Interessenten.

Cost per Order:

Gesamtkosten der Aktion geteilt durch die Anzahl der Besteller.

Direct Mailing:

Ein Mailing kann auch einen Prospekt oder Katalog zum Inhalt haben, meist jedoch für Werbebrief und die damit verbundene Aktion. Der Kunde wird über ein besonderes Angebot informiert und kann ggfs. mit einer

Antwortkarte per Post Fax, E-Mail oder telefonisch ordern bzw. weiteres Informationsmaterial anfordern.

Direct Marketing:

Direktkontakt und -vertrieb an den Endkunden ohne Zwischenhändler, Makler oder Läden. Hierzu zählen Mailing-Aktionen, Telefonmarketing, Reaktionen auf Werbespots per Telefon und die Direktbestellung per Internet.

Dubletten:

Doppelte Adressdatensätze. Diese können völlig identisch sein oder kleine Abweichungen aufweisen. Letztere sind oft schwer zu finden.

Durchschuss:

Zeilenabstand

Eyecatcher:

Blickfang. Eyecatcher sollen die Aufmerksamkeit des Empfängers auf sich ziehen und neugierig auf die Werbebotschaft machen. Hierfür eignen sich Bilder, Stempel, Aufkleber, farbige Schrift und Rahmen.

Flyer:

Eine Broschüre im Kleinformat, oft DIN A4 quer, zweifach gefaltet in Zickzack-, Wickel- oder Altarfalz, meist passend für die üblichen Fensterkuverts im Format DIN lang. Flyer enthalten die wichtigsten Informationen zum Unternehmen und/oder zum Produkt in Kurzform.

Fulfilment:

Komplettabwicklung z. B. einer Mailingaktion. Vom Personalisieren bis zum Warenversand kann inzwischen fast jede Leistung outgesourct werden.

Gimmick:

Spaßiger Einfall, Werbetrick

Headline:

Überschrift, Schlagzeile

Inbound:

Telefonische Reaktionen z. B. auf eine Mailingaktion werden von einem Call-Center entgegen genommen. Praktisch, um nicht selbst (kurzfristig) Überkapazitäten bereitstellen zu müssen.

Incentive:

Anreiz, Prämie für Mitarbeiter, Kunden und Vertriebspartner.

Kaltakquise:

Erstkontakt bei der Neukundengewinnung.

Konfektionierung:

Briefe und Beilagen werden kuvertiert, adressiert, frei gemacht, sortiert und ausgeliefert.

Layout:

Anordnung von Texten, Bildern und gestalterischen Elementen

Lettershop:

Der Lettershop kümmert sich um die Personalisierung und Konfektionierung von Werbebriefen. Besonders Mehrfach-Personalisierungen in Adressfeld, Anrede, Fließtext, persönlichem Gutschein und Antwortkarte stellen hohe Anforderungen an die Arbeitsorganisation.

Listbroker:

Spezialisierte Vermittler von Adressmaterial, beraten auch hinsichtlich Auswahl und Abgleich der Daten.

Marginaltexte:

(Oft handschriftliche) Anmerkungen am Seitenrand zum nebenstehenden Inhalt.

Marketing:

Unter Marketing versteht man die Ausrichtung des Angebotes an den Bedürfnissen der Kunden. Das reicht von der Produktgestaltung über die

Verpackung und Verkaufseinheit bis hin zum Image und dessen Kommunikation.

Nixies:

„Unzustellbar"-Adressen, sollten im Adressbestand gelöscht werden.

Outbound:

Ausgehende Anrufe beim Telemarketing, beispielsweise als Nachfassaktion nach einem Werbebrief oder zur Abfrage der Kundenzufriedenheit. Gegenteil: Inbound.

Outsourcing:

Auslagerung von Tätigkeiten aus dem eigenen Unternehmen und Beauftragung von Fremdfirmen. Gründe hierfür können sein: Einsparungen, Kompetenz, Ablaufoptimierung, Schonung eigener Ressourcen.

Personalisierung:

Anschrift und Anrede enthalten den Namen des Empfängers. Evtl. wird dieser im Text oder auf dem Responseelement zusätzlich wiederholt. Dadurch ist die Ansprache persönlicher und wird eher aufgenommen.

Positionierung:

Einordnung eines Produktes, Belegung mit Eigenschaften

Response:

Rücklauf, d. h. alles, was auf Ihre Aktion hin an schriftlichen und telefonischen Antworten zu Ihnen zurück kommt. Je qualifizierter die Adressdaten und je exakter die Zielgruppe desto höher wird die Responsequote (Rücklauf/Summe der Aussendungen) ausfallen.

Responseelement:

Bei Werbebriefen sind dies Antwortkarten, Faxvordrucke, Coupons, die direkt vom Empfänger ausgefüllt und zurück gesendet werden sollen. Im weiteren Sinne auch E-Mail-Adresse und Telefonnummer, über die der Interessent ebenfalls Kontakt aufnehmen kann.

Retouren:

Unzustellbare Sendungen

Return of Investment:

Erlöse abzüglich der Investitionen, monetäres Ergebnis. Der eigentliche Erfolgsmesser einer Werbeaktion.

Sublines:

Unter- und Zwischenzeilen

Teaser:

„Lockmittel". Neugierig machende Aussagen, die den Leser in die Verkaufsargumentation hinein ziehen sollen. Meist auf dem Kuvert oder im Briefkopf verwendet.

Telefonmarketing:

Neben Direct Mailings eine weitere Form von Direkt-Marketing, bei der die potenziellen Kunden von Vertriebsprofis angerufen werden.

Testimonial:

Zeugnis, Beweis. Eine (möglichst kompetente und angesehene) Person macht eine Aussage beispielsweise zur Produktqualität, oft mit Bild dargestellt.

URL:

Internetadresse der Website. In Deutschland meist in der Form www.firmenname.de oder www.firmenname.com . Für Österreich gilt statt „de" die Endung „at", für die Schweiz „ch". Die Endung „com" (company) ist international, ebenso „org" (organisation) und „net".

USP:

Unique Selling Proposition. Der zentrale Aspekt, der etwas aus der Masse der Mitbewerber und Konkurrenzprodukte hervorhebt. Das alleinstellende Verkaufsargument.

Literatur

absatzwirtschaft – Zeitschrift für Marketing: Das kostet Kommunikation, Düsseldorf, 2004

Falkenberg, Viola: Briefe, Faxe, E-Mails, Planegg bei München, 2003

Geyer, Helmut; Ephrosi, Luis: Crashkurs Marketing., Planegg bei München, 2003

Hanser, Peter et al.: Das kostet Kommunikation 2004/2005, Düsseldorf, 2004

Haubrock, Alexander; Sonja: Der Mythos vom König Kunde, Leonberg, 1998

Häusel, H.-G.: Brain Script, Planegg bei München, 2004

Heller, Klaus: Reform der deutschen Rechtschreibung, Mannheim, 1996

Neumann, Uwe; Nagel, Thomas: Professionelles Direktmarketing, München, 2001

Ries, Al; Trout, Jack: Die 22 unumstößlichen Gebote im Marketing, München, 2001

Schönert, Walter: Werbung, die ankommt, Landsberg, 1992

Schuler, Helga: Verkaufserfolg am Telefon, Offenbach, 2000

Theato, Gerhard et al.: Adressbuch Deutschland, München, 1999

Vögele, Siegfried: 99 Erfolgsregeln für Direktmarketing, Frankfurt, 2003

Adressen

Verbände

Deutscher Direktmarketing Verband e.V.
Hasengartenstraße 14
65189 Wiesbaden
Postanschrift:
Postfach 20 40
65010 Wiesbaden
info@ddv.de

GWA
Gesamtverband Kommunikationsagenturen
Friedensstr. 11
60311 Frankfurt am Main
Tel: 069/25 60 08-0
Fax: 069/23 68 83
eMail: vieregge@gwa.de
URL: www.gwa.de

Adressenlieferanten

B2B und B2C

www.acxiom.de
www.adressen-riek.de
www.az-direct.com
www.directories.de
www.koop-direktmarketing.de
www.schober.de

B2C

www.postdirect.de
www.trebbau.de

Listbroker-Suche

www.listbroker-ausschreibung.com

B2B (teilweise mit Spezialisierung)

www.ama-adress.de
www.bedirect.de
www.bvdep.de
www.dnb.com/de
www.hoppenstedt.de
www.iltisberger.de
www.jannausch.de
www.merkur-einbeck.de
www.ziegenhorn.com

Adressdatenverarbeitung

www.omikron.net
www.feldsoft.de
www.prodata.de

Kreative

www.designerdock.de
www.dasauge.de
www.horizont.net
www.freiberufler.com

Anschrift des Autors

Akzent
Text + Idee + Konzeption +
Alexander Jürries
Kirchweg 21
64625 Bensheim

Tel. 06251-703343
Fax 06251-703349
mail@akzentext.de
www.akzentext.de

Stichwortverzeichnis

Test & Training
Das Karriere-Programm
Hier sind die Trainingsbücher für alle, die Ihre Karriere aktiv in die Hand nehmen.
Test & Training: Die Karriere-Reihe von Haufe
→ Mit den Tests herausfinden, wo man steht
→ Mit dem Training das Wissen richtig einsetzen und erweitern
→ Mit den Experten-Tipps an alles denken: Von Details bis zur Präsentation der Ergebnisse
Test & Training
Ute Dorau
Karrierefaktor Projektmanagement
Übungen, Lösungen, Tipps, Tools
Mit Karriereplaner auf CD-ROM
jeweils ca. 200 Seiten, Klappenbroschur mit CD-ROM nur € 19,80 [D]
Test & Training
Karrierefaktor Mitarbeiter führen
Trainieren Sie Ihre Führungskompetenz
Karriereplaner und Gesprächsleitfäden auf CD-ROM
Haufe
Test & Training
Karrierefaktor Self Assessment
Das Trainingsprogramm: Die wichtigsten Übungen – die besten Lösungen
Mit Karriereplaner auf CD-ROM
Auf CD-ROM:
→ Der Haufe Karriere-Planer: Das Tool zur Planung der nächsten Karriereschritte
→ Praxistools und Übungen mit Lösungsmustern
→ Bewährte Arbeitsmittel: Musterformulare, Checklisten, Excel-Rechner
Erhältlich in Ihrer Buchhandlung oder direkt beim Verlag:
bestellung@haufe.de · www.haufe.de
Telefon 0180|50 50 440* · Fax 0180|50 50 441*
* 12 Cent pro Minute
Haufe